Türkheimer Krippenhefte Nr. 19

Alois Epple

Eine Krippensammlung

Teil 1

Bibliografische Information der Deutschen Nationalbibliothek: Die Deutsche Nationalbibliothek verzeichnet diese Publikation in der Deutschen Nationalbibliographie; detaillierte bibliografische Daten sind im Internet über dnd.dnb.de abrufbar

© 2024 Alois Epple
Verlag: BoD · Books on Demand GmbH, In de Tarpen 42,
22848 Norderstedt, bod@bod.de
Druck: Libri Plureos GmbH, Friedensallee 273,
22763 Hamburg
ISBN: 978-3-7597-4882-9

Vorwort

Krippen, besonders in Museen und Ausstellungen, gehören katalogisiert und publiziert. Krippen werden gebaut und gesammelt und mit dem Tod des Erbauers und Sammlers geht oft auch das Wissen um die gesammelten Krippen verloren. Die meisten Krippen dürften verpackt auf Dachböden, in Kellern oder in Museumsdepots schlummern und auf ihre Entsorgung oder Wiederverwendung warten. Fast niemand kennt sie und weiß um ihre Geschichte. Vor allem stehen sie der Krippenforschung nicht zur Verfügung. Deshalb ist es wichtig, sie in Katalogen zu erfassen. Dies ist freilich nicht nur mit viel Arbeit, sondern auch mit wenig Lob verbunden.

Mit dieser Publikation erweitere ich die Publizierung meiner Krippensammlung, welche schon ein halbes Jahrhundert alt ist. Teilweise wurde sie schon in den Türkheimer Krippenheften veröffentlicht. Die geringe Qualität der meisten Fotografien bitte ich zu entschuldigen. Ich bin aber der Ansicht: Besser eine schlechte Aufnahme als überhaupt keine. Vielleicht ist dieses Buch eine Anregung, auch andere Sammlungen zu veröffentlichen und so die Krippenforschung voran zu bringen.

Magarinefiguren

Anfang machten in den dreißiger Jahren die "Dankeschön-Abzeichen" des Winterhilfswerks aus *Molken-Eiweißpulver*. Anfang der fünfziger Jahre übernahm das Margarinewerk Homan Restposten davon.

Vor allem zwischen 1950 und 1955 wurden mehreren Margarinen Plastikfigürchen beigelegt. Dann wurden diese Beigaben wegen Wettbewerbsverzerrung verboten.

Zu diesen Beigaben gehörten auch Krippenfiguren. So gab es z.B. für jedes Pfund Wagnermargarine eine Figur. Es wurden auch „Beipackzettel" mit Hinweisen zum Aufstellen einer Krippe und zur Bemalung der Figuren beigelegt. Manche Figuren verwendeten unterschiedlichen Firmen.

Die Nummerierungen dieser Figuren beziehen sich auf den Katalog von Bitsch. Hier finden sich auch die Größenangaben.

Figuren der Fa. *Ei-Fein*
21b   1b
Figuren der Fa. *Hasel, Kirchheim Teck*
11   17   21   19   10   16   9   11

Figuren der Fa. *Wagner Margarine*
    K 18   K 13   K 6   K 4   K 9[1]

Figuren der Fa. *MÜNSTERLAND*
   5(Engel)   19   1(Stall)   11 9   12(Kamel)

---

[1] K = Herstellerkennzeichen der Fa. Küster

Krippe mit Magarinefiguren

Polystyrol, spritzgegossen, Gesamthöhe des Elefanten: ca. 7 cm; gemarkt *Wagner Margarine*
Fast der gleiche Figurensatz findet sich im Schwäbischen Volkskundemuseum Oberschönefeld (Inv.Nr. 21699).
Um 2010 vom Autor in eine Weinkiste (26 x 36 x 8 cm) eingebaut.

Lit.: Beate Spiegel, S. 191, Kat. 70; Türkheimer Krippenheft Nr. 11; Bitsch, S 95 – 99; Friedolin Bernhard: Das Krippenmuseum Glattbach, Glattbach 1998, S. 33

Figuren von *Wagner Margarine* nach Bitsch:

2		8	18	4	19	6	9	5	1

Engelfiguren von *Wagner Margarine*
Engel von li. nach Bitsch:
      10   11   14   17 15   16   12 13
Hirten und Schaf von li. nach Bitsch:
  3   20   7

aus Bitsch, S. 98

Christbaumanhänger, Hl. Familie bei der Geburt mit Ochs und Esel im Stall, darüber Stern, nach Bitsch S.85, 1

Literatur: Helmut Bitsch: Margarinefiguren u. Werbefiguren aus den 50iger-60iger Jahren, Sonderkat. Nr. 1, „Weihnachtskrippen und Figuren", Oberstimm 2013; Bernhard Friedolin: Das Krippenmuseum Glattbach, 1998, S. 33; Hartmut Förster: Bethlehem ist überall – Weihnachtskrippen-Geschichten, Jübar 2017 (zwei „Margarinekrippen aus Kunststoff" sind auf S. 96 - 98 abgebildet); Jesuskind und Weihnachtsmann, Krippenmuseum Telgte, 1995 (S. 85: Fig. der Firmen Fri-Homa, Rewe-Juwel, Hamker, Wagner, Lüft, Ei-fein); Gerhard Lohmeier: Familienkrippen im Osnabrücker Land, Bd. 23 der Schriften zur Kulturgeschichte des Osnabrücker Landes, 2018, S. 104 f (Abb. von Krippenfig. der Margarinewerke Homann, Dissen); Die Weihnachtskrippe 65/2020, hg. von der Landesgemeinschaft der Krippenfreunde in Rheinland und Westfalen (S. 163: Abb. einer Krippe mit „Sanella-Sammelfiguren); Judith und Rita Breuer: von wegen Heilige Nacht, Mühlheim an der Ruhr, 2000 (auf S. 175 ist eine *Krippe aus Magarinefiguren, 50er Jahre (Slg. Rita Breuer)* abgebildet); Peter Konrad: Margarine und andere Werbefigürchen aus den fünfziger Jahren, Preiskatalog 1989, 1. Auflage, Preiskatalog 1990, 2. Auflage, Preiskatalog 1992, 3. Auflage, Preiskatalog 1996, 4 Auflage

Krippen aus Bekalit (Hartplastik)

Folgende Krippen und Engel sind aus „Hartplastik". Die Beschriftung „Western Germany" deutet darauf hin, dass die Produkte um die 1950er Jahre gemacht wurden, die Beschriftung „Made in Germany" deutet auf eine Fertigung in den 1950er Jahren hin.

Heute gibt es ähnliche *Nativity Sets, hand painted, made in Hongkong,* abgebildet in: Weihnachtskrippen aus aller Welt – Hirten, Könige, Schreckfiguren – Slg. Christoph Daxelmüller, Frän. Schweiz Museum, Ausstellungskat. 2007/2008, S. 12

Christi Geburt   Verpackungskarton
Bakelit / Hartguss, L x H x T: 9,2 x 9,1 x 4,7 cm, Unterseite beschriftet: *MADE IN WESTERN GERMANY,* auf dem Verpackungskarton steht: *2,40* [DM]

Literatur: Bitsch S. 103; Türkheimer Krippenheft Nr. 11

Anbetung der Hirten und
Könige, Bakelit / Hartguss,
H. ca. 10 cm

Lit.: Türkheimer Krippen-
heft Nr. 11

Drei Engel,
H: 10,6 cm,
beschr.: *GES GESCH*

Verpackungskarton,
19,5 x 6,8 x 11cm,
beschr.: *MADE IN WESTERN
GERMANY – 2179*

Engel mit Stern aus einer sechsteiligen Engelserie, Bekalit, H. 6,3 cm, unten beschriftet: *MADE IN GERMANY*

Lit.: Bitsch S.64, Türkheimer Krippenheft Nr. 11

Anbetung der Hirten und Könige

Bakelit / Hartplastik; H x B x T = ca. 19 x 13 x 8 cm; Stall und Krippenfiguren sind in zwei Holztönen einge-färbtem Kunststoff, spritzge-gossen und fest montiert. Die „Kaue" und die Art der Bäume zeigen, dass das Vorbild für diese Darstellung im Erzgebirge liegt. In der Literatur kann man als Herkunft manchmal „Ober-ammergauer Art" lesen.

Lit.: Beate Spiegel u.a., S. 192, Kat.Nr. 71 (hier gleiche Krippe in anderer Farbgebung abgebildet); Türkheimer Krippenheft Nr. 11

Anbetung der Hirten und Könige, Bekalit / Hartplastik, gefasst vom Autor, T x B x H: 13 x 7,8 x 10,4 cm

Literatur: Helmut Bitsch: Margarinefiguren u. Werbefiguren aus den 50iger – 60iger Jahren, Sonderkatalog Nr. 1 „Weihnachtskrippen und Figuren", Oberstimm 2013; Die Krippensammlung Alois Epple – Teil 6: Krippen aus dem deutschsprachigen Raum, Türkheimer Krippenheft Nr. 11, Türkheim 2017; Beate Spiegel u.a.: Krippenkunst, Lindenberg 2007, S. 190, 191

Haribo - Weihnachtskrippe

Krippenset, 12 Figuren überwiegend in hellbrauner Farbe, Bakelit / Hartguss, Höhe ca. 3 cm (vgl. Bitsch, S. 37) . Im Boden der Figuren ist das Firmenzeichen *Haribo* und *W*[est]*Germany* eingeprägt, Hersteller *JEAN Johann Höfler*, Fürth, ähnliche Krippenfiguren auch von der Fa. Haas.

Lit.: Bitsch, S. 42, 43, 37; Türkheimer Krippenheft Nr. 11

Geburt Christi in der Schneekugel

Bakelit / Hartplastik; B x T x H: 7,1 x 5,4 x 6 cm, Unterseite beschriftet: *06 FS MADE IN GERMANY 4/1072 GES GESCH* [gesetzlich geschützt] *1675631*, vielleicht von Walter & Prediger, Neugablonz

Literatur: Weihnachtskrippe aus aller Welt – Slg. Christoph Daxel-müller, Tüchersfeld 2007 (S. 87: Abb. eine Ühnlichen Schneekugel der 80er Jahre; Bitsch S. 93; Türkheimer Krippenheft Nr. 11

Maria mit Kind, Christbaum-anhänger

Bakelit / Hartplastik; L x H x T: 6,2 x 6 x 1,3cm; Unterseite beschriftet: *GES GESCH* [gesetzlich geschützt] – *MADE IN WESTERN GERMANY*, wohl um die 1950er Jahre, aus einer Serie von sechs Christbaum-anhängern. Die Einzelfigur kostete 0,50 DM Lit.: Bitsch, S. 87; Türkheimer Krippenheft Nr. 11

Krippenfiguren aus Zinn

Palmen, Vollzinn
H: 12 cm

Elefanten: Vollzinn
H: 5,7 cm

Kamele: Vollzinn, H. 5,4 cm   Löwe: Vollzinn, H. 4,5 cm

Die Figuren sind seit ca. 1930 im Besitz der Familie. Sie wurden wohl gekauft, um den „Zug der drei Könige" zu erweitern.

Zinnkrippen und Christbaumanhänger der Fa. Schweizer aus Dießen

Dießen am Ammersee hat eine lange Tradition von Zinngießern der Familie Schweizer. Heute gibt es noch zwei Herstellungs- und Verkaufsstellen in Dießen: Babette Schweizer und Wilhelm Schweizer.

Literatur: o.Hg.: Krippen aus Zinn, Edition Krannich, 2007, S. 66 (hier finden sich die „Hl. Drei Könige" wie unten abgebildet); Türkheimer Krippenheft, H. 11; Krippen im botanischen Garten in Augsburg – Pflanzen der Bibel, Katalog 1993/94, S. 27 (Abb. und Beschreibung einer Zinnfiguren-Krippe von Babette Schweizer); Die Krippe in der Familie – Krippenausstellung 1986 in der städt. Galerie im Cordonhaus in Cham, S. 69, Kat. Nr. 78, 79 (Erwähnung von Zinnfiguren von Babette Schweizer, Abb. und Beschreibung von Zinnfiguren ohne Erwähnung des Herstellers); Brigitte Schad: Krippen in Aschaffenburg, Aschaffenburg 1988 (Abb. einer Krippe bei denen die Köpfe und Gliedmaßen 1955 von Anny Schweizer aus Dießen in Gießformen von 1955 gegossen wurden); http://www.zinnfiguren- bleifiguren.com/Firmengeschichten/Schweizer_Babette_Diessen/Schweizer_Babette_Diessen.html

Krippendarstellung als Christbaumschmuck

Zinn, gefasst, Durchmesser: ca. 5,5 cm, rückseitig eingegossen: *JA* Jorde Arau / *SW* (Schweizer Wilhelm) Bei der Fa. Wilhelm Schweizer 2014 in Dießen gekauft.

Lit.: Türkheimer Krippenheft, Nr. 11

Krippendarstellung als Christbaumschmuck Zinn, gefasst, B x H x T: 5,7 x 6,1 x 0,9 cm, Fa. Wilhelm Schweizer, Dießen

Lit.: Türkheimer Krippenheft, Nr. 11

Jesuskind im Strohkorb mit Stern

Zinn, gefasst, Fa. Babette Schweizer, Dießen, H.: 2 cm, gekauft 2014

Lit.: Türkheimer Krippenheft Nr. 11, 2017

Krippenschaukel

Zwei Engel beten das Jesuskind in der Krippe an. Auf dem Bogens ist ein Paar geflügelter Engelköpfe und ein daran hängendes Herz zu sehen.
Zinn, teils gefasst, H.: 9,4 cm, T.: 3 cm, Fa. Babette Schweizer, Dießen, gekauft um 2000

Lit.: Türkheimer Krippenheft Nr. 11; Alberto Finizio e Antonella Salvatori: Compedio di storia del presepio, Rom 2007 (auf S. 139 gleiches Objekt abgebildet.)

Hl. Familie mit Ochs und Esel

Maria hält ihr Kind im Arm, daneben Joseph, im Hintergrund
Ochs (ein Horn beschädigt) und Esel an der Futter-Krippe mit
Stroh, im Vordergrund Krug und Früchtekorb.
flache Zinnfigur, H: 45 mm, Fabrikbemalung, Babette
Schweizer, Dießen, erworben um 1995

Lit.: o. Hg.: Krippen aus Zinn, Edition Krannich, 2007, S. 60
(hier findet sich diese „Hl. Familie" auch abgebildet)

flache Zinnfiguren, H. ca. 4 cm, „roh" bei Fa. Babette Schweizer in Dießen um 1978 gekauft und von Alois Epple jun. gefasst, Krippenkästchen von Alois Epple jun., um 2000

flache Zinnfiguren der Fa. Babette Schweizer, Dießen, H. ca. 6 cm, Fabrikbemalung, um 1998 gekauft, Krippenkasten nach Entwurf von A. Epple jun., gefertigt bei der Glaserei Anton Vogl in Türkheim

Literatur: Türkheimer Krippenheft Nr. 11; Michael Ritter und Martin Sauter: Die Welt in Zinn, Oberschönenfeld 2002; Hanns Neef u.a.: Krippen in Zinn, o.O. 2007; Zinnkunst aus der Manufaktur Wilhelm Schweizer, Diessen am Ammersee 2006; Melanie Spiegel u.a.: Krippenkunst, Lindenberg 2007, S. 162, 163; W. Lösche: Handwerkliche Kleinzinnherstellung in Dießen am Ammersee, in: Volkskunst, 5. Jg. 1982, H. 1, S. 51 – 55; Weihnachtskrippen der Völker – Ausstellung im Bomann-Museum Celle 1981/82, S. 9 + 28, Kat. 13 (Berliner Zinnkrippe), S. 28, Kat.Nr. 15 (Zinnfig. aus Diessen); Rüdiger Vossen: Höhle – Stall – Palast – Weihnachtskrippen der Völker,[2]Hamburg 1990, S. 43 (Theaterkrippe aus Zinn, Diessen), S. 80, 81; Bernhard Friedolin: Das Krippenmuseum Glattbach, Glattbach 1998, S. 32 (Zinnkrippen aus Dießen); Friedolin Bernhard: Das Krippenmuseum Glattbach, Glattbach 1998, S. 32 (Abb. zweier Zinnkrippen aus Dießen); Alberto Finizio e Antonella Salvatori: Compedio di storia del presepio, Rom 2007, S. 139; Jesuskind und Weihnachtsmann, Krippenmuseum Telgte, Telgte 1995, S. 84 (Abb. von gefassten Zinnkrippenfiguren aus „Oberbayern"); Gerhard Lohmeier: Familienkrippen im Osnabrücker Land, Bd. 23 der Schriften zur Kulturgeschichte des Osnabrücker Landes, 2018, S. 64 f (Abb. von Krippenfiguren der Fa. Gebr. Schneider, Leipzig, um 1935); Sara Hofmann: Wienacht – Chrippe, Helgeli, Zeieli... Schriften des Kulturvereins Chärnehus Einsiedeln Nr. 27, 2000/2001 (Abb. von flachplastischen Zinnkrippenfig, „oberbayrische Arbeit"); Bunter Weihnachtsbrief 1973 vom Weihnachtsmarkt am Funkturm (Erwähnung einer kleinen Zinnkrippe aus Diessen in der Slg. Gertrud Weinhold); 25 Jahre Weihnachtsfestbrauch im Weihnachtsmarkt am

Funkturm 1976, S. 9 (Erwähnung von „Zinnkrippchen von Babette Schweizer Diessen/Ammersee"); Bunter Weihnachtsbrief 1977 vom Weihnachtsmarkt am Funkturm, S. 9 („Die Weihnachtsgeschichte in Zinnfigürchen, Diessen/Ammersee" aus der Slg. Weinhold); Gioia und Fernando Lanzi: Krippenfiguren aus aller Welt, Zürich 2000, S. 118 (Maria und Joseph aus Zinn, gefasst „aus Deutschland"); Gerhard Bogner: Das neue Krippenlexikon, Lindenberg 2003, S. 345 (Abb. einer bekleideten Zinnfigur von Babette Schweizer); . Sylvia Weber (Hg.): Krippen aus aller Welt in der Sammlung Würth, Künzelsau 2023, S. 51

Krippen aus Afrika

Die Krippe kam durch europäische Missionare nach Afrika. Bald gestalteten Einheimische Krippen, teils unter dem Einfluss von Kunstschulen[2]. Es entwickelte sich eine afrikanische Krippentradition. Besonders durch Missionsorden wurden afrikanische Krippen auch in Europa verkauft. Im süddeutschen Raum waren es vor allem die Missions-Benediktiner in Münsterschwarzach und in St. Ottilien. Einen weiteren Aufschwung erlebte die afrikanische Krippe in Europa durch den Verkauf in „Dritte-Welt-Läden". Die Exotik der Figuren mit ihrer gemäßigten Abstraktion entsprach dem europäischen Geschmack. Weiter bedingt der Welttourismus, dass in afrikanischen Touristenzentren billige Massenschnitzereien, ohne großen (künstlerischen) Anspruch und Wert, als originale Kunstwerke in Flughafenshops oder vor Hotels angeboten werden.

Wie aufregend hingegen afrikanische Plastik sein kann zeigen Krippen z.B. von Washinton Msona aus Makumbe,[3] von David Mashoko (*1973) aus Harare in Zimbabwe[4], von Justice Babama aus Ruwa in Zimbabwe[5].

Heute wird die Aneignung christlicher Motive durch afrikanische Künstler bzw. die Verwässerung indigener Kunst durch christliche Motive von wenigen kritisiert. Man sollte jedoch bedenken, dass der Verkauf dieser Kunstwerke in Europa auch dem Überleben der Familie solcher Künstler

---

[2] Bunter Weihnachtsbrief 1972 vom Weihnachtsmarkt am Funkturm von Gertrud Weinhold,

[3] „Zu Bethlehem geboren" - Die 70. Telgter Krippenausstellung, Katalog, Telgte 2010, S. 118 f, Nr. 159

[4] abgebildet in „Stern über Bethlehem" – 76. Telgter Krippenausstellung, Religio (Westfälisches Museum für religiöse Kultur), 2016/17, S. 40, Nr. 25

[5] abgebildet in „Stern über Bethlehem" – 76. Telgter Krippenausstellung, Religio (Westfälisches Museum für religiöse Kultur), 2016/17, S. 43, Nr. 29

dient. Weiter ist Kunst nichts Statisches sondern unterliegt immer einer Entwicklung. Auch Künstler, vor allem des Impressionismus, übernahmen andererseits Elemente der afrikanischen und ostasiatischen Kunst.[6]

Literatur: Helmut Enemoser: In Frieden miteinander – eine tierische Weihnachtskrippe, in: Irseer Blätter zur Geschichte von Markt und Kloster Irsee, H. 9, 2022; Rüdiger Vossen: Höhle – Stall – Palast – Weihnachtskrippen der Völker, Hamburg 1990, S. 31 – 33 und S. 86 – 89 (Abb. von Makonde-Krippenfiguren); Friedolin Bernhard: Das Krippenmuseum Glattbach, Glattbach 1998, S. 84 – 102 (Krippen aus Ruanda, Kenia, Obervolta, Benin, Zimbabwe, Togo, Malawi, Tansania); Alberto Finizio e Antonella Salvatori: Compedio di storia del presepio, Rom 2007, S. 172 – 176 (Abb. afrikanischer Krippen); Angelika Schreiber und Thomas Gretler: Krippen & Hüte, Ausst. im Deutschen Hutmuseum, Lindenberg 2018, S. 22- 27 (Abb. und Beschreibung von afrikanischen Krippen); Alois Epple: Weihnachtskrippen aus aller Welt – Eine Krippenausstellung des Vereins Bay. Krippenfreunde (Ortsverein Kempten), 1. bis 19. Dez, 1980 in der Sparkasse Kempten, S. 15 f, S. 29, Kat. Nr. 31 (Krippe aus Togo), S. 29 f, Kat. Nr. 32 (Krippe aus Tansania), S. 30 Kat. 33 (Engel aus Kenia); Krippenschau der Sankt Lukas Stiftung, 10. Dez. 2016 bis 14. Jan. 2017, Haus Bartholomäus Bad Wörishofen. S. 113, 114 (Abb. afr. Krippen), S. 153 (Abb. einer Makonde-Krippe); Jesuskind und Weihnachtsmann, Krippenmuseum Telgte, 1995, S. 114 f.; Bunter Weihnachtsbrief 1982 vom Weihnachtsmarkt am Funkturm in Berlin-West (Ausstellung einer Makondekrippe der Benediktinerabtei Mdanda); Bunter Weihnachtsbrief 1973 vom Weihnachtsmarkt am Funkturm

---

[6] Weltkultur und moderne Kunst, Katalog zur Ausstellung im Haus der Kunst in München anlässlich der Olympischen Spiele 1972

(Abb. eines Krippenreliefs von Bisi Fakeye (Yoruba); Bunter Weihnachtsbrief 1974 vom Weihnachtsmarkt am Funkturm (Abb. von Krippenfig von Bisi Fakeye (Yoruba); Bunter Weihnachtsbrief 1977 vom Weihnachtsmarkt am Funkturm (Erwähnung einer Ebenholzkrippe von Bisi Fakeye und einer Makonde-Krippe aus Ebenholz); Roger Fpuquer: Die Makonde und ihre Kunst, Münsterschwarzach 1993; Letizia Bordignon Elestici: Presepi nel Mondo, Milano 1990, S.76 – 79; Sehet, das hat Gott gegeben –Weihnachtskrippen aus dem Schwarzwald (Ausstellung des Landeskirchlichen Museum Ludwigsburg1996, S. 31; „Uns ist ein Kind geboren" – Alte und neue Weihnachtskrippen-Ausstellung des Landeskirchlichen Museums Ludwigsburg 1995, S. 52 (Makondeschnitzerei); Theodor Glaser: Weihnachtskrippen, Rosenheim 2004, S. 29-31; Das Kind der Hoffnung – 69. Telgter Krippenausstellung, Kat., Telgte 2009, S. 160-163 – 163 (Abb. mehrerer Makonde-Krippen-Schnitzereien); Auf der Suche nach dem Licht der Welt, 79. Telgter Krippenausstellung Religio west. Museum für religiöse Kultur, 2019/2020, S. 74 f Nr. 70 (Abb. einer Krippe aus Ruanda), S. 32f (Abb. einer Krippe mit bekleideten Figuren aus dem Bereich der großen Seen); Sylvia Weber (Hg.): Krippen aus aller Welt in der Sammlung Würth, Künzelsau 2023, S. 109, 114, 115

Westafrikanische Krippe

Weihnachtskrippe, 21 x 12 x 16,5 cm, Pappe, Sägemehl, Dornholz vom Atá- (hell) und Egun- (dunkel) Baum, SW-Nigeria (Yoruba) oder Togo (Yoruba), erworben 1998 bei „missio". Typisch ist die Verwendung von hellem Holz für die Kleidung und dunklem Holz für sichtbare Körperteile und Haare. Aufstellung bei der Krippenausstellung im Schloß in Türkheim, Dezember 2007.

Selbst in der deutschen Literatur finden sich häufig recht ähnliche Krippen abgebildet, so z.B. in der Sammlung Würth (Sylvia Weber (Hg.): Krippen aus aller Welt in der Sammlung Würth, Künzelsau 2023, S. 109). Ähnliche Krippenfiguren - „um 1930 in Shagamu" erworben - wurden 1972 in Berlin ausgestellt.[7] Gertrud Weinhold[8] meint: *Die zierlichen Figürchen erfand 1930 der schnitzende nigerianische Häuptling Justus Akeredolu in Owo…. Das Vorbild von Akeredolu fand viele Nachahmer. 1960 entstanden die ersten Krippenfiguren. Man konnte sie dann überall [auch] in den Nachbarländern kaufen. Aber Ursprungs- und Herstellungsort ist Nigeria.*

Sie sind unterschiedlich originell und unterschiedlich aufwendig geschnitzt. Diese Krippe zeigt, dass afrikanische Krippen immer mehr als Massenwaren für den Verkauf auf dem internationalen Markt produziert werden.

 eine fast identische Krippe in der Krippenstube in Mörlenbach

---

[7] Gertrud Weinhold: Bunter Weihnachtsbrief 1972 vom Weihnachtsmarkt am Funkturm Berlin

[8] Bunter Weihnachtsbrief 1983 vom Weihnachtsmarkt am Funkturm in Berlin West, Kat.Nr. 24

Literatur: Gertrud Weinhold: Freude der Völker, München 1978, S. 162 (ähnliche Figuren aber besser durchgestaltet); Gerhard Bogner: Das neue Krippenlexikon, Lindenberg 2003, S. 504; Edwin Bucholz: Krippen-Brevier – Internationale Krippen in der Sammlung Würth, Künzelsau, 2002, S. 22; Rüdiger Vossen: Höhle – Stall – Palast – Weihnachtskrippen der Völker, Hamburg 1990, S. 89 (Abb. einer Dornholzkrippe der Yoruba); Hartmut Förster: Weihnachtskrippen-Geschichten, Jübar, 2017, S. 51 (Abb. fast der gleichen Krippe); Alberto Finizio e Antonella Salvatori: Compedio di storia del presepio, Rom 2007, S. 174 (Abb. ähnlicher Krippenfiguren aus Lagos (Nigeria)); Angelika Schreiber und Thomas Gretler: Krippen & Hüte, Ausstellung im Deutschen Hutmuseum, Lindenberg, 2018, S. 18 f. (Abb ähnlicher Krippenfiguren der Yoruba aus SW Nigeria), S. 23 (ähnliche Figuren aus Ruanda), S. 24 (ähnliche Figuren aus Nigeria); Türkheimer Krippenheft Nr. 3, 2010, S. 9; Franz Nagel: Krippen – Die Füssener Jahreskrippe und ihre Ausstellungen, Füssen o.J., S. 85 (Abb. ähnlicher Krippenfiguren aus Zaire); Bunter Weihnachtsbrief 1972 vom Weihnachtsmarkt am Funkturm (ähnliche Krippenfiguren auf der Rückseite abgebildet); Bunter Weihnachtsbrief 1982 vom Weihnachtsmarkt am Funkturm in Berlin-West (Ausstellung einer „Yoruba-Krippe von Lawrence Adebayo Alaye"); Bunter Weihnachtsbrief 1971 vom Weihnachtsmarkt am Funkturm (Dornholzkrippe von Justus Akeredolu in Owo); Bunter Weihnachtsbrief 1977 vom Weihnachtsmarkt am Funkturm, S. 12 (Erwähnung von „Krippenfigürchen aus Dornholz vom „ata"- und „egun"-Baum, Shagamu): Matthew Powell: The Christmas Crèche, Boston 1997, S. 124 f (Abb. ähnlicher Figuren *in thorn-wood by artists of iht Ibo tribe of Nigeria)*

Krippenkarte

Bei dieser Karte wurde auf Papier zwei Batikarbeiten geklebt. Diese zeigen „Maria mit Kind" und „ein König bringt dem Kind, welches auf dem Schoß von Maria sitzt, ein Geschenk".
Ähnliche „Batik-Krippen" sind aus Kenia bekannt.
Arrangement in der Krippenausstellung im Schloss in Türkheim 2007

Lit. Türkheimer Krippenheft 3, Türkheim 2010, S. 9: Rüdiger Vossen: Höhle–Stall–Palast, Weihnachtskrippen der Völker, Hamburg 1990, S. 86

Makonde-Krippen

Der Stamm der Makonde im Südosten Tansanias schnitzt überwiegend mit Ebenholz. Betrachtet man die traditionelle Schnitzerei der Makonde, so zeigt sich, dass diese nichts mit den Krippenschnitzereien, wie wir sie heute kennen, zu tun hat.[9]

Mit dem Christentum kamen die Makonde erst intensiver Ende des 19. Jahrhundert in Kontakt. Durch die Missionare wurde dieser Stamm auch mit der Krippe konfrontiert.[10] Krippen konnten dann auch nach Europa exportiert bzw. verkauft werden. Da hier die Missions-Benediktiner z.B. aus Münster-Schwarzach oder St. Ottilien missionierten, kamen viele Schnitzarbeiten des Makondestammes nach Süddeutschland.

„Aus künstlerischer Intuition und erstaunlichem handwerklichem Können heraus entstanden aus dem harten Ebenholz[11] leichte, [...] Gebilde, in denen alles zur Einheit wird."[12] Die Makondeschnitzer verzichten weitgehen auf Ornamentik. Die Oberfläche wird – Ausnahme Haare und Bart – glatt behandelt. Die Kleider sind bodenlang. Die Gesichter der Figuren zeigen in ihren großen Lippen und länglichen Gesichtsformen eine typisch negride Physiognomie.

---

[9] Giselher Blesse: Der Südosten Tanzanias – die Kunst der Makonde und der benachbarten Völker, in: Jens Jahn (Hg.): Tanzania – Meisterwerke afr. Skulptur, München 1994, S. 432 - 503

[10] Die Missionsbenediktiner der Erzabteil St. Ottilien kamen 1887 nach Tansania!

[11] Krippen aus Ebenholz finden sich auch im Kongo – vgl. Matthew Powell: The Christmas Crèche, Boston 1997, S. 140

[12] „Die Kunst der Wamakonde", Prospekt der Missionsbenediktiner der Münsterschwarzach Abtei.

Literatur: „Bethlehem ist überall" – Einblick in die Welt der Krippen, Schriftenreihe Wallfahrtsmuseum Neukirchen b. Hl. Blut, Bd. 4, 1994/95, S. 36/37; Badisches Landesmuseum Karlsruhe (Hg.): Krippenwelten: aus der Sammlung Maud Pohlmeyer, Karlsruhe 2021, S. 44, 45 (Makondekrippenfiguren), S. 46, 47 (Krippenblock einer Makondekrippe); Friedolin Bernhard: Das Krippenmuseum Glattbach, Glattbach 1998, S. 89 – 97; Hartmut Förster: Weihnachtskrippen-Geschichten, Jübar, 2017, S. 44 (Abb. einer Ebenholzkrippe der Makonde), S. 46: (Abb. einer Ebenholz-krippe aus Mali), S. 49 (Abb. von Ebenholzkrippen aus Angola und Tansania); Weihnachtskrippen der Völker – Ausstellung im Bomann-Museum, Celle 1982, S. 40 (Engel), S. 49 Nr. 67, Abb. S. 50 (Krippenfiguren der Makonde); Gregor Forster und Elisabeth Roth: Weihnachtskrippen aus Neunkirchen a.Br. und Umgebung, 1992, S. 20 (Abb. und Beschreibung von Krippenfiguren aus Ebenholz aus Tansania); Gertrud Weinhold: Freude der Völker, München 1978, S. 159, 161; Gerhard Bogner: Das neue Krippen Lexikon, Lindenberg 2003, S. 506, 98/99; Roger Fouquer: Die Makonde und ihre Kunst, Münsterschwarzach 1993; Weihnachtskrippen aus aller Welt, Ausst.kat., Würzburg 27.11.1982 – 6.1.1983, S. 14; Edwin Buchholz: Krippen-Brevier – Internationale Krippen in der Sammlung Würth, Künzelsau 2002, S. 31, S. 53; Weihnachtsmarkt unter dem Funkturm Berlin-West, Nr. 3., 18.12.1983 und 4..12.1982; Zeit und Raum zur Ehre Gottes, Ausstellung im Museum für Deutsche Volkskunde Berlin, Berlin 1984, S. 70; Zu Afrika geboren, in: kontinente – Magazin für eine missionarische Kirche, Nr. 6 Nov./Dez. 2003, 38. Jg., S. 7; Rüdiger Vossen: Höhle – Stall – Palast – Weihnachtskrippen der Völker, Hamburg 1990, S. 71 (Abb. einer Makondekrippe), S. 88, S. 90, S.91; Angelika Schreiber und Thomas Gretler:: Krippen & Hüte - Deutsch Hutmuseum, Lindenberg, 2018, S. 26 (Beschreibung und Abb. von drei Krippen aus Ebenholz aus Tansania); Weihnachtskrippen aus aller Welt – Ausst. im Alten Rathaussaal in Nürnberg 1979, S. 14 (Abb. der hl. Fam. von einem Makondeschnitzer), S. 69: Kat.Nr. 83 u. 84; Pfarrbrief der Pfarreien St. Mang und Zu den Acht Seligkeiten Füssen, Advent 2005 (S. 8, Abb. 4, Krippenfiguren der Makonde); Sylvia Weber (Hg.): Krippen aus aller Welt in der Sammlung Würth, Künzelsau 2023, S. 12; Sylvia Weber (Hg.): Krippen aus aller Welt in der Sammlung Würth, Künzelsau 2023, S. 124

Makonde-Krippenrelief 1

Hl. Familie und zwei Hirten

Krippenblock: Ebenholz; Makondeschnitzerei aus Tansania, H. ca. 30 cm. An der Unterseite ist eingeritzt: *24. Oct 1998 CHRISTOPHER LUKANGA*
Das Relief ist recht tief geschnitzt. Die beiden äußeren Assistenzfiguren sind fast vollplastisch herausgearbeitet.
Erworben in einem süddeutschen „Dritte-Welt-Land", ausgestellt im Stadtmuseum Schongau vom 5.12. 1996 bis 6.1.1997

Makonde-Krippenrelief 2

Hl. Familie, Hirte und König

Krippenblock aus Ebenholz, 19 x 8 x 26 cm, Schnitzer der Makonde.
Maria und Josef knien vor dem Kind. Ein Hirte mit Schaf und ein König mit einem Geschenk kommen zum göttlichen Kind.
Hier wird besonders schön die helle Rinde als Hintergrundarchitektur eingesetzt. Das Dach wird ornamental als Strohdach wiedergegeben, ebenso die eigentliche Krippe und der Fußboden. Kleidung und Haut sind glatt gehalten. Damit erhalten sie Glanz. Typische Kraushaare. Kind „steht" in dem aufgestellten Strohlager!
Dieser Krippenblock wurde 1889 in einem süddeutschen „Dritte-Welt-Laden" erworben. Ausstellung im Stadtmuseum Schongau 1996/97.

Makonde-Krippenrelief 3

Verehrung des Kindes durch Engel, Hirten und Könige

Makondeschnitzerei, Ebenholz, 24 x 7 x 29 cm.
Zwei (!) Könige mit Geschenken und ihre Tiere (links), zwei
Hirten mit Schafen und Rind (rechts) und zwei Engel mit
Musikinstrumenten, verehren das Jesuskind, welches von
Maria und Josef angebetet wird. Die helle Rinde bildet den
Hintergrund und ebenso den Stern. Das Dach ist gerillt, die

Hüttenaußenwand geriffelt wiedergegeben. Teile der Personen und Tiere haben eine glänzendglatte Oberfläche. Dieser Krippenblock wurde 2005 für 50 € im „Dritten-Welt-Laden" in Kaufbeuren gekauft.

Krippe aus der St. Lukas Stiftung (abgebildet in: Krippenschau der Sankt Lukas Stiftung, 10. Dez. 2016 bis 14. Jan. 2017, Haus Bartholomäus Bad Wörishofen, S. 160). Vielleicht stammen beide Krippen aus dem gleichen Dorf, vielleicht sogar vom gleichen Schnitzer. Trotz der Ähnlichkeit zeigen sie Unterschiede und sind Unikate. und keine Massenporduktionen.

Weihnachtsrelief aus Nigeria

Holz, 40 x 4 x 25 cm, Kunsthandwerker des Yorubastammes in Nigeria ?

Das Relief zeigt die hl. Familie mit zwei Hirten und einem Rind, umgeben von einem Kral. Außerhalb des eingezäunten Bereiches nähern sich die drei Könige mit ihren Geschenken. In der Mitte oben steht ihr Stern.
Das Relief wurde um 1988 im Eine-Welt-Laden in Türkheim gekauft. Ausstellung im Stadtmuseum Schongau vom 5.12. 1996 bis 6.1.1997 und im Gemeindekurhaus Baiersoien 1991/92.

Literatur: Türkheimer Krippenheft Nr. 3, S. 10; Gertrud Weinhold: Freude der Völker, München 1978, S. 72, Gerhard Bogner: Das neue Krippen Lexikon, Lindenberg 2003, S. 504

Kinderkrippe

Figuren: Holz, gefasst, ca. 10 cm hoch, Kunsthandwerk, Kenia
Stall: Holz, 32 x 19 x 13 cm, Kunsthandwerk, Kenia
In ihrer naivern Formgebung gleichen die Figuren
Spielzeugfiguren aus Holz, wie sie auch in Deutschland
hergesellt werden. Typisch ostafrikanisch ist z.B. der
Massaikrieger links oder der Ochse mit einem Höcker.
Die Krippe wurde 2004 im Einen-Welt-Laden in Türkheim
gekauft.

Literatur: Gertrud Weinhold: Freude der Völker, München
1978, S. 164; Türkheimer Krippenhefte Nr. 3, S. 10

Maisblätterkrippe aus Uganda

Maisblätter, Sisal, Stoffreste, H.: 10 – 15 cm, Kunsthandwerkerkrippe aus Uganda,
Die Krippe zeigt Maria und Josef (re.). Beim Kind sind Ochs und Esel (unten). Die drei Könige stehen vor einer afrikanischen Rundhütte. Im mittigen Hintergrund ein Hirte mit einem Schaf. Im Hintergrund ein Bild, welches aus Afrika stammt und die Savanne zeigt.
Gestaltung: Alois Epple, 2007

2007 für 29 € über die Zeitschrift „kontinente" gekauft (vgl. Prospekt unten). Hier zu sehen in der Aufstellung der Krippenausstellung im Schloß Türkheim, Advent 2007.

Prospekt der Zeitschrift „kontinente" , 2007

Lit.: Krippenschau der Sankt Lukas Stiftung, 10. Dez. 2016 bis 14. Jan. 2017, Haus Bartholomäus Bad Wörishofen, S. 165 (Abb. einer ähnlichen Krippe)

Kalabassen-Krippe

Eine Kalabasse (Durchmesser ca. 25 cm) bildet den „Stall".
Darin ist die hl. Familie, davor die hl. Drei Könige (li.) und
Hirten (re.). Figuren ca. 10 cm hoch, Drahtgestell, mit
Bananenblätter umwickelt.

Die Krippe stammt aus Kenia und wird über Missionsvereine
und Eine-Welt-Läden in Deutschland vertrieben. Diese Krippe
wurde 2006 um 54,90 € über die Missionszeitschrift
KONTINENTE erworben.
Aufstellung bei der Krippenausstellung im Schloß in
Türkheim, Advent 2007.

Kalebassen-Krippe aus Kenia

In Afrika gelten Kürbisgewächse als Symbol für Lebens-
freude und Fruchtbarkeit. Kalebassen als Herberge für die
Heilige Familie sind das Werk von Flüchtlingen aus Ostafrika.
Sie haben Obdach in einem Zentrum der Jesuiten in Nairobi
gefunden. Dort trägt ihre filigrane Handwerkskunst zu ihrem
Lebensunterhalt bei.
Mit viel Liebe zum Detail fertigen sie die Krippenfiguren aus
Draht und Bananenblättern und verzieren die Kalebassen
mit afrikanischen Motiven. Der natürliche Wuchs der
Kürbisse macht aus jeder Krippe ein Einzelstück.

Kalebassen-Krippe,
verschließbar, 25 bis 35 cm hoch,
elf Krippenfiguren, bis zehn cm hoch.
€ 54,90

gekauft i. November 2006
Fig. ca 10cm
Ø 25cm

„Krippenfiguren vom Rande des Urwalds aus Bananenblätter" sind auch aus Uganda und von Kikuju-Künstlers in Kenia bekannt. Krippenfiguren aus *wood und dried banana leaves … fom Kenya* findet sich abgebildet in Matthew Powell: The Christmas Crèche, Boston 1997, S. 126 f. Krippen aus Maisblättern in ähnlicher Form finden sich auch im Kongo (vgl. Matthew Powell: The Christmas Crèche, Boston 997, S. 148, Abb. 100 und 154)

Literatur: Weihnachtskrippe aus aller Welt – Slg. Christoph Daxelmüller, Tüchersfeld 2007, S. 86 (Abb. einer „Bananen-blätterkrippe"); Friedolin Bernhard: Das Krippenmuseum Glattbach, Glattbach 1998, S. 101 (Abb. einer Bananenblätter-Krippe); Hartmut Förster: Weihnachtskrippen-Geschichten, Jübar, 2017 (Abb. einer ähnliche Krippe aus getrockneten Bananenblättern in einer Calabasse); Friede auf Erden - 77. Telgter Krippenausstellung 2017/18, S. 128 (Abb. einer Krippe aus Uganda mit ähnlichen Figuren: Bananenblätter um Drahtgestell gewickelt); „Friede auf Erden" – Katalog der 77. Telgter Krippenausstellung 2017/18, S. 128, Kat.Nr. 119 (Krippe mit Figuren aus geflochtenen Bananenblättern aus Uganda abgebildet) Gertrud Weinhold: Bunter Weihnachtsbrief 1972 vom Weihnachtsmarkt am Funkturm Berlin; Bunter Weihnachtsbrief 1982 vom Weihnachtsmarkt am Funkturm in Berlin-West („Weihnachtskrippe von den Kikuja in Kenia" – Höhlenstall aus Bananenblättern); Bunter Weihnachtsbrief 1983 vom Weihnachtsmarkt am Funkturm in Berlin-West, Kat. 27 (Beschreibung einer Kikuja-Krippe aus Bananenblättern und Pflanzenschoten); 25 Jahre Weihnachtsfestbrauch im Weihnachtsmarkt am Funkturm 1976, S. 11 (. Erwähnung einer „Kikuju-Krippe aus Bananen-blatt, Kenia"); Bunter Weihnachtsbrief 1977 vom Weihnachtsmarkt am Funkturm (Erwähnung von „Krippe aus Bananenblättern und Samenhülsen, Kikuja, Kenia)

Koptische Ikone

Maria mit Kind, Ikone aus Papyrus, gemalt, 20x14 cm, links steht der Name „Maria", rechts „Jesus, unten Datierung ?, 2009 in Kairo gekauft

Bem.: Die koptische Kirche geht auf das alexandrinisch-ägyptische Christentum der Spätantike zurück (Patriarchat Alexandria). Als Gründer der koptischen Kirche gilt der hl. Markus. Die koptische Kirche kennt, wie die orthodoxe Kirche, nur ikonenhafte Darstellungen und keine Plastik.

Lit.: Türkheimer Krippenheft Nr. 3, 2010, S. 13; Bunter Weihnachtsbrief 1982 vom Weihnachtsmarkt am Funkturm in Berlin-West (Ausstellung einer „Flucht nach Ägypten" als Wandteppich)

Krippenhaus aus Äthiopien

Schaf. Die Rückwand ist von einem „orthodoxen" Kreuz durchbrochen. Auch auf dem First sieht man ein Kreutz. 2010 in Äthiopien erworben.

Gertrud Weinhold schreibt: *Vollplastische Krippenfiguren authentisch äthiopischer Art wird man nicht finden [...] Angeregt durch eine Bitte ausländischer Krippenlieb-haber mag der eine oder andere Töpfer es vielleicht versuchen, statt seiner Töpfe und Tierfiguren die Personen der Heiligen Geschichte Gestalt werden zu lassen.* Hier sollte man hinzufügen, dass die „Anregung" auch durch den Tourismus gekommen ist.

gebrannter und leicht glasierter Ton, „Dach" mit Sägmehl bestreut, 13,7 x 8 x 4 cm, Kunsthandwerk Hl. Familie und gaben-bringender Hirte mit

Literatur: Zewde Gabre-Selassie, Lothar Pascher, Stanislaw Chojnacki, Girma Fisseha, Walter Raunig (Hrsg.): Das christliche Äthiopien, Regensburg 2016; Gerhard Bogner: Das neue Krippen Lexikon, Lindenberg 2003, S. 494; Weihnachtskrippen der Völker, Bomann-Museum Celle 1981/1982, S. 15, 20; Maria Baumann (Hg.): Vom Stauen und Bewundern – Papst Franziskus und Bischof Rudolf (Vorderholzer) über den Wert, die Bedeutung und die Geschichte der Krippe, Kunstslg. des Bistums Regensburg, Diözesanmuseum Regensburg, Kataloge und Schriften, Bd. 48, [2]Regensburg 2020, S. 61 (Dreikönigs-Darstellung als äthiopische Malerei); Rüdiger Vossen: Höhle – Stall – Palast – Weihnachtskrippen der Völker, Hamburg 1990, S. 63; (Handkreuz aus Äthiopien mit Geburtsszene), S. 70, S. 2 (dreiflügelige Weihnachtsikone), S. 86; Hartmut Förster: Weihnachtskrippen-Geschichten, Jübar, 2017, S. 48 (Abb. von 2 Weihnachtsikonen aus Äthiopien); Weihnachtskrippe der Völker – Ausstellung im Bomann-Museum, Celle 1982; S. 47, Nr. 61 (Holzklappbild „Maria mit Kind und Engelpaar); Krippenschau der Sankt Lukas Stiftung, 10. Dez. 2016 bis 14. Jan. 2017, Haus Bartholomäus Bad Wörishofen, S. 157 (Abb. einer Malerei aus Äthipien); Die Weihnachtskrippe 65/2020, hg. von der Landesgemeinschaft der Krippenfreunde in Rheinland und Westfalen, S. 60 (Miserior-Hungertuch aus Äthiopien 1978);.Bunter Weihnachtsbrief 1972 vom Weihnachtsmarkt am Funkturm (Abb. eines „Weihnachtspergaments"); Bunter Weihnachtsbrief 1982 vom Weihnachtsmarkt am Funkturm in Berlin-West (äth. Bildertuch mit der Weihnachtsgeschichte); Bunter Weihnachtsbrief 1971 vom Weihnachtsmarkt am Funkturm (äthiopisches Weihnachtspergamente aus der Slg. Gertrud Weinhold); Bunter Weihnachtsbrief 1977 vom Weihnachtsmarkt am Funkturm, S. 8 („Gemalte Weihnachts-geschichte aus Äthiopien"); Letizia Bordignon u. Elestici: Presepi nel Mondo, Milano 1990, S. 81 (Abb. eines äthiopischen Weihnachtsbildes); Gerhard Bogner: Das neue Krippenlexikon, Lindenberg 2003, S. 503; Mitten drinn – 82. Telgter Krippenausstellung, Katalog Religio Westfälisches Museum für religiöse Kultur, 2022/23, S. 152 (Abb. eines äth. Tryptichons); Sylvia Weber (Hg.): Krippen aus aller Welt in der Sammlung Würth, Künzelsau 2023, S. 18, S. 112

Polen

Nach 1945 wollte die Volksrepublik Polen eine neue nationale Identität formen. Hierzu sollte auch die Volkskunst dienen. Naive, religiöse Schnitzwerke entstanden, wurden auch ins Ausland verkauft und brachten Devisen. Das gleiche gilt auch für die Skopkas. Daneben gibt es in Polen geschnitzte Krippen, welche an die böhmische und sächsische Schnitztradition erinnern.[13]

Literatur: Verein Augsburger Krippenfreunde (Hg.:): Krippen im Botanischen Garten in Augsburg – Pflanzen der Bibel, Kat. 1999/2000, S. 43 (Tragekrippe mit Spielfiguren), S. 49 (naiv geschnitzte Krippe); Badisches Landesmuseum Karlsruhe (Hg.): Krippenwelten: aus der Sammlung Maud Pohlmeyer, Karlsruhe 2021, S. 74, 75 (naiv geschnitzte Krippenfiguren von Klaudiusz Angermann bei Zakopane), Rüdiger Vossen: Höhle – Stall – Palast – Weihnachtskrippen der Völker, Hamburg 1990, S. 19 (Abb. von Krippenfig. aus Wadowice), S. 20 + Titelbild (Goralenkrippe aus Zakopane von Klaudiusz Angermann); Weihnachtskrippen aus aller Welt, Slg. Cristoph Daxelmüller, Tüchersfeld 2007, S. 18 (Abb. einer „Flucht" von Tadeusz Szulc), S. 24 (Abb. einer Krippe von M. Cichodei), S. 78 (Abb. eines „Abendmahls von W. Glod), S. 79 (Abb. einer Krippe von Andrzej Cochon), S. 76 (Abb. einer Krippe von Jozef Jaraszek), S, 77 (Abb. einer Krippe von Abna Padol); Friedolin Bernhard: Das Krippenmuseum Glattbach,

---

[13] Eine solche Krippe, welche man ins Erzgebirge verorten möchte, welche jedoch aus der Gegend um Krakau stammt, ist abgebildet in: Monica Nusser: Weihnachten im Herzen – Krippen und Jesuskinder, Krippenausstellung 2015/16 im AllgäuMuseum in Kempten, S. 16

Glattbach 1998, S. 62 – 64 (Szopka, Blockkrippe von A. Wydra, Krippenfig. von Sek. Ryczard); Hans-Joachim Schauß: Es kommt alles aus mir selbst – Begegnungen mit polnischen Volkskünstlern, Leipzig 1986; Alberto Finizio e Antonella Salvatori: Compedio di storia del presepio, Rom 2007, S. 154 f (Abb. von Krippen dreier polnischer „Naiver"); Angelika Schreiber und Thomas Gretler: Krippen & Hüte, Deutsches Hutmuseum, Lindenberg, 2018, S. 14 (Abb. von naiven Krippenfiguren); Weihnachtskrippen der Völker – Ausstellung im Bomann-Museum, Celle 1982, S. 38 f(Krippe von Jan Staniszewski, Nr. 36, Krippe von Mieszyslaw Zeglinski, Krippe von Jan Staszak); Gertrud Weinhold: Der Widerhall der Weihnachtsbotschaft in den Ländern Osteuropas, in: Weihnachtskrippen aus aller Welt – Ausst. im Alten Rathaussaal in Nürnberg 1979, S. 35 – 39, S. 67, Kat.Nr. 70 – Nr. 73, S. 24 (Abb. von Krippenfiguren von Thadeusz Adaski); Weihnachtskrippen aus aller Welt, Ausstellungskat. Würzburg, Mainfränkisches Museum 1983, S. 25 (Abb. einer hl. Fam. von Adam Wydra) S. 39 (Abb. hl. Fam. und drei Könige von Waclaw Suska); Alois Epple: Weihnachtskrippen aus aller Welt – Eine Krippenausstellung des Vereins Bay. Krippenfreunde (Ortsverein Kempten) vom 1. bis 19. Dez. 1980 in der Sparkasse Kempten, S. 28 f (Fig. von Thadeuzs Adamski und Sék Ryszard); Krippenschau der Sankt Lukas Stiftung, 10. Dez. 2016 bis 14. Jan. 2017, Haus Bartholomäus Bad Wörishofen, S. 101 (Abb. einer „Flucht" von Henryk Zgadlo), S. 109 f (Abb. weiterer pol Krippen); Jesuskind und Weihnachtsmann, Krippenmuseum Telgte, Telgte 1995, S. 107; Gerhard Lohmeier: Familienkrippen im Osnabrücker Land, Bd. 23 der Schriften zur Kulturgeschichte des Osnabrücker

Landes, 2018, S. 162 (Krippenfiguren von Andrzej Graczyk und Tadeusz Kacalak); Friede auf Erden – 77. Telgter Krippenausstellung 2017/18, S. 120 (Krippe von Julian Brzozowski), S. 121 (Krippenfig. von Jan Staszak aus Oswiecim), S. 123 (Blockkrippe von Tadeusz Zak aus Kielce, Krippe von Josef Orlecki aus Paszyn), S. 130 (Blockkrippe von Antoni Kaminski); S. 131 (Krippe von Mieczyslaw Grabunczyk, Flucht nach Ägypten von Jan U´scimiak aus Chelm); Gertrud Weinhold: Bunter Weihnachtsbrief 1972 vom Weihnachtsmarkt am Funkturm Berlin; Bunter Weihnachtsbrief 1982 vom Weihnachtsmarkt am Funkturm in Berlin-West (Ausstellung von Krippenfig von Stanislaw Korpa, Jan Staszak und Adelaide Broniszewska); Bunter Weihnachtsbrief 1971 vom Weihnachtsmarkt am Funkturm (Abb. von Fig. von Henryk Zegadlo); Bunter Weihnachtsbrief 1969 vom Weihnachtsmarkt am Funkturm (Abb. einer Fig. von Henryk Zegadlo und S. 9f „Bauer Adam Zegadlo und Sohn Henryk); Bunter Weihnachtsbrief 1970 vom Weihnachtsmarkt am Funkturm (Abb. einer „Heiligen Familie" von Jan Lamecki, kurzer Aufsatz „zwischen Dunajec, Bug, Narew und Odra"); Bunter Weihnachtsbrief 1975 vom Weihnnchtsmarkt am Funkturm (Erwähnung mehrerer Krippen poln. Naiver und von Szopkas); 25 Jahre Weihnachtsfestbrauch im Weihnachtsmarkt am Funkturm 1976 (Abb. einer „Spielszopka von Josef Hulka in Form der alten Hutkirche); 25 Jahre Weihnachtsfestbrauch im Weihnachtsmarkt am Funkturm 1976 (S. 14: Erwähnung von Jan Staszak); Bunter Weihnachtsbrief 1977 vom Weihnachtsmarkt am Funkturm (Abb. eines Krippenreliefs von Wojzich Plochow); Bunter Weihnachtsbrief 1978 vom

Weihnachtsmarkt am Funkturm (Abb. von Boleslaw Suska mit einem Engel, Erwähnung von „Naiven"); Bunter Weihnachtsbrief 1979 vom Weihnachtsmarkt am Funkturm (Abb. von Baran Antoni und eine Arbeit von Jan Lamecki); Bunter Weihnachtsbrief 1980 vom Weihnachtsmarkt am Funkturm (Abb. einer Szopka von Adelaide Bronszewska); Gretel Bouchette und Udo Christoffel Hg.): Naive polnische Kunst, Wilmersdorf 1998; Naive Kunst aus Polen, Ausstellungskat. des Württembergischen Kunstvereins in Stuttgart 1967; ...ihr werdet finden das Kind in der Krippe – Weihnachten in Bildern der polnischen Volkskunst, Eschbach 1981; Es kommt alles aus mir selbst – Begegnungen mit polnischen Volkskünstlern, Leipzig 1986; Gertud Weinhold: Freude der Völker München 1978, S. 70 (Fig. von Denkiewicz und Zegadlo), S. 75 (Fig. von Lamecki), S. 81 (Fig.von Okarmus), S. 85 (Fig. von Harmenze), S. 113 (Fig. von Zegadlo), S. 117 (Fig. von Czajkowski), S. 121 (Fig. von Pisko, Czekalik), S. 142 (Fig. von Bielski und Czajkowski), S. 143 (Fig. von Pisko, Hulka, Kaminski), S. 145 u. 148 (je eine Szopkarze), S. 149 (Fig. von Plochow), S. 182 (Fig. von Baran und Lamecki); Letizia Bordignon Elestici: Presepi nel Mondo, Milano 1990, S. 86 (Abb. eine Szopka); Willy Fleckhaus (Hg.): Aus der Kunst der polnischen Volkes, [2]Frankfurt a.M. 1980; „Friede auf Erden" – Katalog der 77. Telgter Krippenausstellung 2017/18, S. 120- 123 (Krippen von Julian Brzozowski, Jan Staszak und Tadeusz Zak), S. 129 (Fig. von Josef Orlecki), S. 130 (Fig. von Antoni Kaminski), S. 131 (Fig. von Mieczyslaw Grabunczyk und Jan U'scimiak); Das Kind der Hoffnung – 69. Telgter Krippenausstellung, Katalog, Telgte 2009, S. 164, Nr. 47 (Krippenfiguren von Stanislaw

Suska aus Sztutowo); Gerhard Bogner: Das neue Krippenlexikon, Lindenberg 2003, S. 334 (Abb. einer „Flucht" von Eugeniusz Zegaldo); S. 475 – 478; Geheimnis der heiligen Nacht 2.0 – 81. Telgter Krippenausstellung, Religio westfälisches Museum für relgiöse Kultur 2021/22, S. 36 Nr. 23 (Abb. einer Krippe von Zagnansk Sazlas); Das Licht der Welt, 68. Telgter Krippenausstellung, Kat. Telgte 2008, S. 114 f, Nr. 190 (Abb. einer Krippe von Jan Staszak); Sylvia Weber (Hg.): Krippen aus aller Welt in der Sammlung Würth, Künzelsau 2023, S. 21 (Fluchtrelief von Tadeusz Zak), S. 103

„Naive"

Im September 1986 wandte ich mich an ARS POLONA, mir eine Möglichkeit zu nennen, wie ich Figuren von „polnischen Naiven" erwerben kann. Als Antwort erhielt ich eine Liste samt Dias von 12 Objekten.

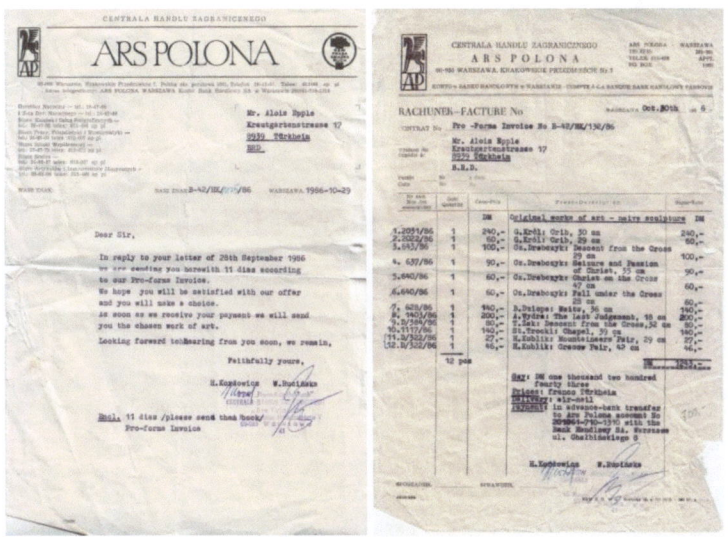

Ich wählte einige Objekte aus, bestellte sie, bezahlte per Überweisung und konnte sie bald darauf am Flughafen München abholen. Dabei musste ich allerdings ca 20% Zoll bezahlen.

Krippenblock von Grzegorz Król

geschnitzt und gefasst, H: 29 cm, B: 18 cm, T: 8 cm, auf der Rückseite eingeschnitzt: *G.KROL 1986;* erworben 1986 über ARS POLONA für 60.- DM[14]

---

[14] In „Bunter Weihnachtsbrief 1971 vom Weihnachtsmarkt am Funkturm" schildert Gertrud Weinhold wie DESA, die polnische Aussenhandelsstelle für „Works of modern Art", 150 Holzskulpturen per Luftfracht zum Weihnachtsmarkt unterm Funkturm 1971 brachte, um sie dort zu verkaufen.

Als Halbrelief, in ein abstraktes Haus eingefügt, zeigt sich Maria mit Josef und vor ihnen, auf einer Krippe, das gewickelte Jesuskind. Rechts neben dem Haus wächst ein Nadelbaum, als Gegenstück steht links über dem Haus ein Stern. Typisch für Król sind die Furchen bei Bretterwänden und die Dachplattengestaltung durch eingeschnitzte Furchen mit schwarzer Farbe.

Ausstellung im Stadtmuseum Schongau vom 5.12. 1996 bis 6.1.1997 und im Gemeindekurhaus Schwabsoien 1991/92.

Weiter schreibt Weinhold: „Diese Dinge sind wertbeständig. Sie sind eine gute Kapitalanlage, wie auch immer der Geldmarkt sich bewegt."

Ein Vergleich lässt vermuten, dass die Abbildung auf diesem fleyer – es dürfte sich hier auch um eine Arbeit von Król handeln - seitenverkehrt ist.

Dieser recht ähnliche Krippenblock von Grzegorz Król ist abgebildet in Bogners großem Krippenlexikon (S. 478).

Ein Vergleich dieser drei Krippenblöcke zeigt einen gleichen Aufbau und eine ähnliche Behandlung und Ausgestaltung des Themas. Allerdings sind die Krippenblöcke unterschiedlich durchgestaltet. Augenfällig wird dies, wenn man die „Palme" in den drei Abbildungen vergleicht.

Krippe von Grzegorz Król

geschnitzt und gefasst, B x T x H: 50 x 22 x 33 cm, in die Rückseite der Stallwand ist eingeschnitzt: *G. Król 1986*
Erworben über ARS POLONA 1986 für 240.- DM

Im Stall von Bethlehem knien zwischen Maria und Josef zwei Engel vor dem Christkind. Links kommen Hirten zur Krippe. Einer trägt ein Schaf, ein anderer spielt eine Leier. Rechts zeigen sich die hl. Dreikönige mit ihren Geschenken. Ein Ochse liegt auch noch vor der Krippe, der Esel fehlt.
Typisch für Król sind die großen weißen Augen mit schwarzen Punktpupillen sowie die würfelförmigen Köpfe. Auch die Dachgestaltung (eingekerbte und schwarz ausgemalte „Dachplattenfugen") finden sich vielfach bei seinen Werken.

Geboren ist Grzegorz Król am 27. Januar 1953 im Dorf Olszówka. Grundschulausbildung, Zimmermann. Seit 1967 schnitzt er Holz. Sein Debüt gab er 1973 beim Wettbewerb „Nikolaus Kopernikus in der Volksbildhauerei" in Toruń. Im Jahr 2005 erhielt er ein Stipendium des Kulturministers. Zahlreichen Ausstellungen in Polen und im Ausland. Seit 1982 ist er Mitglied der Folk Artists Association.

Literatur zu Grzegorz Król: Ich werde da sein, wenn ich weg bin... Die Werke von Grzegorz Król in den Sammlungen des Dorfmuseums Kielce, Text: Leszek Gawlik, Dorfmuseum Kielce, 2019, Ausstellungskatalog; Ciemiński Łukasz, Königliche Heilige, „Pismo Folkowe", 2020/6, Nr. 151, S. 33-34; Grzegorz Król. Skulptur, Text: Tadeusz Czarnecki, Końskie 2003.

Errettung der „armen Seele" durch den Kreuzestod von Christus (The Last Judgement)

Relief, geschnitzt und gefasst HxBxT: 48x25x7 cm, von
A[dam].*Wydra*
Erworben über ARS POLONA 1986 für 200.- DM
(rückseitig beschriftet: 5ad Ostateczny A WYDRAS1403/86 //
D8.BBB)

Christus hängt tot am Kreuz. Seine linke Seitenwunde blutet. Neben ihm steht seine Mutter Maria und zeigt auf die „armen Seelen im Fegefeuer". Auf der anderen Seite hilft ein Egel einer Seele aus dem Feuer in welchem noch sechs Seelen leiden.

Das Relief ist auf drei eng gestaffelten Ebenen gearbeitet: Die hintere Ebene zeigt Christus am Kreuz, die mittlere Ebene besteht aus Maria, dem Engel und einer Seele und die vordere Ebene zeigt die Seelen im Feuer. Die farbliche Gestaltung ist recht plakativ. Neben der Körperfarbe beherrscht das Blau von Mariens Gewand, das Grün bei dem Kleid der geretteten Seele und dem blasroten Gewand des Engels das Relief. Die Augen bestehen in schwarzen Punkten in geschnitzten Augenhöhlen oder sie sind geschlossen.

Adam Wydra, geb. 1953 in Luków bei Lublin, ist Bauer, schnitzt seit 1974. Er verarbeitete Themen um die Erlösung der Menschen durch Christi Kreuzestod öfter ähnlich, wie die beiden folgenden Reliefs von ihm zeigen.

(Kurzbiographie in: Naive Kunst aus Polen aus der Sammlung Orth, Kunsthalle Nürnberg in der Norishale 1980/81, S. 33)

Erlösung durch den Kreuzestod Christi von Adam Wydra

Schmerzensmann – Christus in der Rast

Holz, geschnitzt und gefasst, 32 cm, von G. Biegum (Aufkleber an der Unterseite) (?)
Blockartiges Schnitzwerk. Die Arme liegen eng am Körper, die Oberschenkel sind kurz gehalten. Der Schmerz wird hauptsächlich durch die weit aufgerissenen Augen gezeigt.

Lit.: Türkheimer Krippenheft 2, S. 8; Die Krippe in der Familie, Kat. zur Krippenausstellung 1986 in der städt. Galerie im Cordonhaus in Cham (S. 44 Abb. einer ähnlichen Figur, Kat. S. 73, Nr. 91); Hans-Joachim Schauß: Es kommt alles aus mir selbst – Begegnungen mit polnischen Volkskünstlern, Leipzig 1986 (eine themengleiche Abb. von Jan Gacek, Wojciech Oleksy, Józef Lurka)

Fall unter dem Kreuze (Fall under the Cross)

geschnitzt, lackiert, H. ca. 18 cm, von Czeslaw Drabczyk, Beschriftungen: *CZESZAW DRABCZYK PRZYSUCHA* (Standbrettseite), *UPADEK / POD / CIEZAREM KRZVZA*[15] (Standbrettoberseite), *640/86 Drabczyk SBBB,- 1986* (Standbrettunterseite); 1986 um 140.- DM erworben

Der Kreuzesfall ist hier schlicht dargestellt. Der Oberkörper ist nur wenig geneigt. Auf diese Weise berührt Christus nur mit den Fingerspitzen einer Hand den Boden. Auch den Kreuzesbalken hält er nur mit zwei Fingern.

Czesaw Drabczyk wurde 1930 geboren. Er war Bauer und lebte in Przyxsucha (Kreis Kielce).

---

[15] „Christus fällt unter dem schweren Kreuz". Eine themenähnlich Darstellung von Stanislaw Holda ist abgeibldet in Hans-Joachim Schauß: Es kommt alles aus mit selbst – Begegnungen mit polnischen Volkskünstlern, Leipzig 1986

Figuren für ein Herodesspiel (Weihnachtsliedersänger)

H: ca. 20 cm, Holz, geschnitzt und gefasst, von Bronislaw Dziopa (1910 - 1988, Kielce), 1986 gekauft um 140.- DM

Ein Ursprung der Weihnachtskrippe liegt in den Krippenspielen. Man führte Spiele um die Geburt und Kindheit von Jesus mit Puppen auf. Hier sieht man, König Herodes, Soldaten, Tod und Teufel, Mönch, Bauer und Engel. Mit diesen Figuren wurde der Kindermord und der Tod von Herodes dargestellt.

Typisch für Dziopa ist, dass die Figuren im Holzblock bleiben. Die Arme „verlassen den Block nicht. Selbst die Oberschenkel des sitzenden Herodes sind nur fingerbreite tief. Flügel, Sense, Schwerter und Stäbe sind nicht aus dem Block geschnitzt sonder hinzugefügt.

Bronislaw Dziopa wurde 1910 geboren und starb 1988 in Kielce.

Literatur zu den Herodesspielen.: Verein Augsburger Krippenfreunde (Hg.:): Krippen im Botanischen Garten in Augsburg – Pflanzen der Bibel, Kat. 1999/2000, S. 43; Alois Epple: Weihnachtskrippen aus aller Welt – Eine Krippenausstellung des Vereins Bay. Krippenfreunde (Ortsverein Kempten), vom 1 bis 19. Dez. 1980 in der Sparkasse Kempten, S. 29, Kat. Nr. 28 (Fig. zum Herody-Spiel), abgebildet S. 10; Gertud Weinhold: Freude der Völker; München 1978, S. 143; Bunter Weihnachtsbrief 1971 vom Weihnachtsmarkt am Funkturm (Figuren eines Herodesspiels von Mieszyslaw Zweglinski); Bunter Weihnachtsbrief 1978 vom Weihnachtsmarkt am Funkturm, S. 9 („Herody-Gestalten: Herodes, 2 Teufel, Tod, Hl. Nikolaus); Gertud Weinhold: Freude der Völker, München 1978, S. 121 (ähnliche Figuren von Czeslaw Czekalik; Alois Epple (Hg.): Weihnachtskrippen aus aller Welt, Ausstellung in der Sparkasse Kempten 1980, S. 10 (Abb. ähnlicher Figuren zum Herodesspiel), S. 29 Kat. Nr. 28

Szopka

Unter Szopka versteht man eine Targekrippe, meist mit Nachbildungen Krakauer Gebäuden (Marienkirche, Wawelkathedrale, Tuchhalle) aus Holzleisten, Karton und buntem Staniolpapier. Seit dem 18. Jh. ging man in Polen mit transportablen Krippen von Haus zu Haus und führte mit Puppen Weihnachtsspiele auf. Seit 1937 gibt es jährlich einen Szopka-Wettbewerb in Krakau.

Lit.: Szopki – Weihnachtskrippen aus Krakau, Ausstellungskat., Bay. Nationalmuseum München 1986/87; Alois Döring: Die Tradition der Krippe (Szopka) in Krakau, in: Die Weihnachtskrippe, 65. Jahrbuch, Münster, New York 2020, S. 130 - 140; Die Krippe in der Familie: Krippenausstellung 1986 in der städt. Galerie im Cordonhaus Cham, S. 42 (Abb. einer Szopka Krakowska), S. 43, 45; „Bethlehem ist überall" – Einblick in die Welt der Krippen, Schriftenreihe Wallfahrtsmuseum Neukirchen b.Hl. Blut, Bd. 4, 1994/95, S. 41; Rüdiger Vossen: Höhle – Stall – Palast – Weihnachtskrippen der Völker, Hamburg 1990, S. 40 (Abb. einer Krakauer Szopka), S. 78 (Abb. einer Szoka); Alberto Finizio e Antonella Salvatori: Compedio di storia del presepio, Rom 2007, S. 153 (Abb. von drei Szopi); Irmgard Gierl: Das Krippenbuch, München 1980, S. 45 f (Abb. einer simplen Holzkrippe in der Art einer Szopka); Angelika Schreiber und Thomas Gretler: Krippen & Hüte, Deutsch Hutmuseum, Lindenberg, 2018, S. 15 (Abb. einer Szopka); Die Krippe verbindet – Völker und Regionen – 80 Jahre Bamberger Krippenfreunde, Bamberg 1999 (Abb. einer Szopka, welche bei der Krippenausstellung 1994/95 in der Alten Hofhaltung in Bamberg ausgestellt war), S. 92; Jesuskind und Weihnachtsmann, Krippenmuseum Telgte, Telgte 1995, S. 108 (Abb. einer Krakauer Szopka von

Waclaw Morymit aus den 1960er Jahren); Die Weihnachtskripe 65/2020, herausgegeben von der Landesgemeinschaft der Krippenfreunde in Rheinland und Westfalen, S. 139 (Abb. einer Szopka); 77. Telgter Krippenausstellung 2017/18, S. 122 (Abb. einer Szopka von 1986); Bunter Weihnachtsbrief 1982 vom Weihnachtsmarkt am Funkturm in Berlin-West (Ausstellung einer Szopka von Mieczyslaw Piwko); Bunter Weihnachtsbrief 1978 vom Weihnachtsmarkt am Funkturm (Erwähnung von Trageszopki); Bunter Weihnachtsbrief 1980 vom Weihnachtsmarkt am Funkturm (Beschreibung der „Tragekrippen" und „Naiver Kunst" aus Polen); Michel Vincent: Krippana 1999, S.122; Theodor Glaser: Weihnachtskrippen, Rosenheim 2004, S. 64, 69, 99, 104; Matthew Powell: The Christmas Crèche, Boston 1997, S. 99 - 102 (Abb und Text zu Szopka), S. 230 (Abb. 176 , 177); Anna Szalapak: Szo pki krakowskie – Cracovian Christmas Cribs, Olscanica 2002 (zahlreiche Abb., engl. und poln. Text); Szopki krakowskie – The Kraków Natvity Scene, Museum Krakau 2019; Lukasz Olszewski: Kraków – nativity scenes, Muzeum Historyczne Miasta Krakowa, Kraków 2009; „Friede auf Erden" – Katalog der 77. Telgter Krippenausstellung 2017/18, S. 122 (Szopka eines Unbekannten); Die Krippe verbindet Völker und Regionen – 80 Jahre Bamberger Krippenfreunde, Bamberg1999, S. 92; Sylvia Weber (Hg.): Krippen aus aller Welt in der Sammlung Würth, Künzelsau 2023, S. 99 - 101 (Szopki von Stanislaw Paczynski)

H: 31,5 cm. Oben, auf der Spitze des mittleren Turms, zeigt sich der polnische Adler, im 1. Stock die Hl. Familie und im EG Figürchen aus Staniolpapier. Typisch sind die drei Spitztürme. Beim mittleren Turm mit Nebenspitzen diente als Vorbild ein Turm der Krakauer Marienkirche. Das EG erinnert an die Krakauer Tuchhallen.

Höhe: 50 cm, rückseitig Aufkleber mit der Aufschrift *gukiennice kram 15 / 680ooo.* Ausgestellt im Stadtmuseum Schongau vom 5.12. 1996 bis 6.1.1997

Typisch sind die drei hohen Türme. Der Mittlere Turm hat eine Zwiebel als Abschluss und wird bekrönt mit dem polnischen Adler. In der zweiten Etage zeigt sich der polnische Papst Johannes Paul II. In der ersten Etage sieht man die „Geburt": In der Mitte des EGs ist ein Reiter und seitlich Figuren mit Heiligenschein. Einige architektonische Elemente erinnern an die Kuppel der Sigismundkapelle der Wawel-Kathedrale in Krakau. Der Eingang ist entfernt verwandt zum Eingang der Marienbasilika in Warschau und die Dreitürmigkeit sowie der dreibogige Eingang und das große Fenster darüber könnte von der Kirche des hl. Joseph angeregt worden sein.

 Kirche des hl. Joseph in Warschau

Krippen aus Südamerika

Schon im 16. Jahrhundert brachten missionierende Jesuiten die iberische Krippe nach Lateinamerika. Krippendarstellungen vermischten sich allmählich mit indigenen Elementen. Ab der 2. Hälfte des 20. Jahrhunderts wurden Krippen aus Lateinamerika besonders in „Missionsläden" in Europa verkauft. In Süddeutschland spielten die Missonsbenediktiner in Münsterschwarzach eine hervorgehobene Rolle.
Die Urwüchsigkeit und Naivität dieser Krippen äußert sich im Verzicht auf realistische Darstellung und anatomische bzw. perspektive Gesetze. Typisch ist auch die Indio-Bekleidung der Figuren, besonders ihre Kopfbedeckung.

Literatur: Alois Epple (Hg.): Weihnachtskrippen aus aller Welt: Krippenausstellung in der Sparkasse Kempten vom 1. – 19. Dezember 1980, S. 11 – 13; Gerhard Bogner. Das neue Krippenlexikon, Lindenberg 2003, S. 495

Krippenfiguren der Familie Mendivil

Die Figuren Kind mit Maria und Joseph, Hirte und Hirtenfrau und die Hl. Drei Könige wurden 1982 von einem Berliner Privatmann gekauft. Dieser hat sie angeblich in Cuzco (Peru) noch bei Hilario Medivil (1929 - 1977[16]), also vor 1977, erworben. Später wurden dann noch Engel aus einem Eine-Welt-Laden hinzugekauft. Die stehenden, musizierenden Engel stammen angeblich auch aus der Mendivil-Werkstatt, wo Juana Maria Mendivil, zusammen mit Danton Olarte, die Werkstatt ihres Vaters weiterführten. Sie waren in folgendes Zeitungspapier eingepackt:

Die Figuren bestehen aus einem Holzgestell. Darüber sind die Figuren aus Papier- und Stoffstreifen mit einer Modelliermasse aus Gips, Ton und Mehl geformt und mit Lackfarben gefasst.

Hilario Medivil   in Cuzco

---

[16] Manchmal wird in der Literatur fälschlich als Todesjahr 1976 genannt.

Typisch sind für Medivil-Figuren die auf die Kleidung aufgesetzten Dekorornamente, welche wie ein Nachklang des iberischen Barock erscheinen. Auf den Hüten stecken meist gefärbte Federn. Eine weitere Besonderheit sind die lang Hälse, die auch als „Lamahälse" bezeichnet werden.

Die Szenerie steht in einem neubarocken Rahmen, von „um 1940", 72 x 58 cm. Aufstellung bei einer Krippenausstellung in der Spitalkirche in Schongau, um 2004. Anhand der Kastengröße lässt sich die Figurengröße abschätzen.

Musizierende Engel von Hilario Mendivil Nachfolge, erworben um 1990

Musizierende Putten aus der Mendivil-Werkstatt, erworben um 2005

Hl. Drei Könige auf Lama, Pferd und Elefant reitend, von Hilario Medivil, wohl in den 1970er Jahren hergestellt, 1982 erworben.

Ähnliche Könige wurden 2024 bei ebay angeboten (Bild) oder finden sich in der Sammlung Würth (Sylvia Weber (Hg.): Krippen aus aller Welt in der Sammlung Würth, Künzelsau 2023, S. 33)

Hl. Famiie mit Ochs und Esel (oben) und Hirtenpaar (unten)
von Hilario Medivil, wohl in den 1970er Jahren hergestellt,
1982 erworben.

Ochs und Esel weichen von den üblichen Mendivil-Tieren ab.
Bei den meisten Mendivilkrippen sind Ochs und Esel kleiner
und ein Tier kniet oft. Das hl. Paar hat eine mit Ornamenten
verzierte Kleidung. Der Hirte trägt einen typischen Indio-
Poncho. Die Hirtenfrau hat einen Flamenco-Rock an und ist
barfuß

78

Krippenausstellung Anfang Dezember 2020 im ehem. Kloster in Kloster Lechfeld

Literatur: Fast identische Figuren sind abgebildet in: Weihnachtskrippen aus aller Welt, Ausstellungskat., Nürnberg - Alter Rathaushalle 1.12. – 23.12.1979, S. 49; Vossen, Rüdiger: Höhle – Stall – Palast – Weihnachtskrippen der Völker, Hamburg ²1991, Tafel XI; Gertrud Weinhold: Freude der Völker, München 1978, S. 109; Peruanische Krippen und Retablos aus der Sammlung Carmen Würth, Künzelsau 2007; Friedolin Bernhard: Das Krippenmuseum Glattbach, Glattbach 1998, S. 83; Alberto Finizio e Antonella Salvatori: Compendio di storia del presepio, Rom 2007, S. 166. Barbara Kruhöffer: Weihnachtskrippen der Völker, Ausstellungskat. Celle, o.J., S. 30, 57
Medivilfiguren finden sich abgebildet in:; Badisches Landesmuseum Karlsruhe (Hg.): Krippenwelten: aus der Sammlung Maud Pohlmeyer, Karlsruhe 2021, S. 10, 11 (Abb. einer schwaangeren Maria und eines musizierenden Engels); Gerhard Bogner: Das neue Krippenlexikon, Lindenberg 2003, S. 497 (Abb. eines Abendmahls von Hilario Mendivil); Gerhard Bogner. Das neue Krippenlexikon, Lindenberg 2003, S. 499; Sylvia Weber (Hg.): Krippen aus aller Welt in der Sammlung Würth, Künzelsau 2023, S. 173 (Flucht); Peruanische Krippen und Retablos aus der Sammlung Carmen Würth, Künzelsau 2007/2024 (Familiengeschichte der Medivil)

Retablos

Ursprünglich sollen die Retablos Tragealtärlein gewesen sein, die iberische Eroberer im 16. Jahrhundert mitführten. Ab den 1940er Jahren wurden Retablos zunehmend von Künstlern und Intellektuellen als Ausdruck indigener Identität entdeckt. Hauptgebiet ihrer Herstellung ist Ayacucho, Durch Bürgerkriegsfluch wurde die Herstellung etwas nach Lima verlagert.

Retablos sind gefasste Holzkästchen, mit symmetrischen Blumenornamenten u.ä. verziert. Auf den Kästchen steht ein Dreiecksgiebel. Im Kasteninnern befinden sich auf ein bis drei Ebenen Darstellungen mit Figuren aus gefasster Modelliermasse, selten sind es Tonfigürchen. Im „oberen Stock" zeigt sich oft ein religiöses Thema, wie die Geburt Christi, unten ein volkstümliches Thema.

Vergleicht man Retablos aus der zweiten Hälfte des 20. ajhrhunderts so hat man den Eindruck, dass die Figuren und die Bemalung immer „schlampiger" wurde. Die Kästchen wurden anscheinend zu Massenwaren, die hauptsächlich den europäischen Markt bedienen mussten und eine Einnahmequelle für peruanische Familien wurden.

Literatur: Buchholz, Edwin: Krippen-Brevier – Internationale Krippen in der Slg. Würth, Künzelsau 2002, S. 45; Letizia Bordignon Elestici: Presepi nel mondo, Mailand 1990, S. 114f (3stöckiges Retablo, 60cm hoch, aus Peru); Rüdiger Vossen, Höhle – Stall – Palast –Weihnachtskrippen der Völker, Hamburg 1990, S.99 Friedolin Bernhard: Das Krippenmuseum Glattbach, Glattbach 1998, S. S. 78 (mit Tonfigürchen); Hirten, Könige, Schreckfiguren – Slg. Christoph Daxelmüller, Begleithoft zur Sonderausstellung im Fränkische Schweiz-

Museum Tüchersfeld, Pottenstein 2007/08, S. 83, 85; Alberto Finizio e Antonella Salvatori: Compendio di storia del presepio, Rom 2007, S. 169 (dreistöckiges Retablo); Badisches Landesmuseum Karlsruhe (Hg.): Krippenwelten: aus der Sammlung Maud Pohlmeyer, Karlsruhe 2021, S. 16, 17; Hartmut Förster: Bethlehem istz überall – Weihnachtskrippen-Geschichten, 2017, S. 58 (Abb. eines „Holz-Hausaltar mit Tonfiguren aus Peru, Lima 1995"), S. 108 (Abb. eines zweistöcigen Retablos von 1970); Alois Epple (Hg.): Weihnachtskrippen aus aller Welt: Krippenausstellung in der Sparkasse Kempten vom ^1. – 19. Dezember 1980, S. 30 – 32 (Abb. eines Retablo aus Ayacucho, Die Wohlgestaltung der Figuren und die genaue Bemalung der Kästchenseitenflügel lässt darauf schließen, dass es sich um ein Kästchen vor 1980 handelt.); Angelika Schreiber und Thomas Gretler: Krippe & Hüte weltweit!, Deutsches Hutmuseum Lindenberg, 2018, S. 9 (Abb. eines fein ausgearbeiteten Retablos), S. 17 (Abb. eines nur gemalten Retablos aus El Salvador) S. 20 (mehrere Retablos); Weihnachtskrippen aus aller Welt – Ausst. im Alten Rathaussaal in Nürnberg 1979, S. 47 (Abb. eines zweistökigen Retablos aus Ayacucho); Barbara Kruhöffer: Weihnahtskrippen der Völker, Ausstkat. Celleo.J., (S. 30, Abb. eines dreistöckigen Retablosaus Ayacucho); Gerhard Bogner: Das neue Krippenlexikon, Lindenberg und Beuron, 2003, S. 499; Sylvia Weber (Hg.): Krippen aus aller Welt in der Sammlung Würth, Künzelsau 2023, S. 22, 23, 183

geschlossenes Retablos: B x H x T: 10 x 17 x 4,5 cm. Das
Kästchen ist aus Holz, die Flügel sind beidseitig mit einer
Phantasieblume bemalt.

Rückseitig beschriftet: *A.I.P / ASOCIACION DE PRODUCTORES / ARTE SANALES / RASUWILLKA / AYACUCHO - Made in Peru*

Figuren aus tonartiger Modelliermasse, gefasst, lackiert, geöffnetes Retablo (wie oben): Der zweistöckige Schrein zeigt oben die Geburt Christi mit Kind, Maria und Josef (rechts), zwei betenden Hirten (links), Ochs, Esel und Hirte (vorn), unten ist vielleicht die Verkündigung an die Hirten zu sehen.

B (geschlossen) x T x H: 20 x 2 x 7 x 36,2 cm, beschriftet:
Rückseitig beschriftet: *A.I.R / ASOCIACION DE
PRODUCTORES / ARTE SANALES / RASUWILLKA /
AYACUCHO - Made in Peru / Peru 169.-* (DM); erworben in
einem Eine-Welt-Laden in den 1990er Jahren
Figuren aus tonartiger Modelliermasse, gefasst. In der oberen
Etage findet sich eine figurenreiche „Geburt Christi". In der
unteren Etage sieht man Musiker und tanzendes und
trinkendes Volk. Die Flügel sind innen und außen mit einem
Blumenornament bemalt.

Rückseitig beschriftet: *A.I.R / ASOCIACION DE PRODUCTORES / ARTE SANALES / RASUWILLKA / AYACUCHO - Made in Peru*, erworben in einem Eine-Welt-Laden in den 1990er Jahren
B x T x H: 10,3 x 5 x 12,2 cm, Figuren aus tonartiger Modelliermasse, gefasst, unter der Hl. Familie sieht man Ochs und Esel, zwei Hirten und eine Hirtenfrau. Von oben fallen Strahlen auf das Kind. Die Flügel sind außen und innen mit einem Blumenornament bemalt.

Retablos im Streichholzschachtelformat

Diese Schachteln eignen sich besonders als Christbaumanhänger. Sie sind billig, leicht und doch keine industriell gefertigten Massenware.

Bemalte Pappe, B x H (ohne Dreieckgiebel) x T: 5,4 x 3,6 x 1,3 cm, Hl. Familie mit Ochs, Esel und zwei Hirten aus tonartiger Modelliermasse, gefasst, Seitenflügel und Giebel mit Blumenornamenten bemalt,, beschr.: 4,90.- (DM), erworben in einem Eine-Welt-Laden in Bayern in den 1990er Jahren

Bemalte Pappe, B (geschlossen) x H (ohne Dreieckgiebel) x T: 3,6 x 5,4 x 1,3 cm, beschriftet: 10.- (DM), Seitenflügel und Giebel mit Blumenornament bemalt. tonartiger Modelliermasse, gefasst. Obere Etage: „Geburt", untere Etage: „Kreuzweg", erworben in einem Eine-Welt-Laden in den 1990er Jahren.

Retabloartig in Bambus

Im Innern eines halbierten Bambusstabes (H: 15 cm, Durchmesser 2,9 cm) befinden sich zweimal 4 Stockwerke mit religiösen und weltlichen Szenen. Von oben nach unten: Hl. Familie - Hirten / Hirten, Schaf + Kaktus - Frau mit drei Indiohüten / zwei Frauen verehren Maria - Schaf, ?, Frau / drei Musikanten – drei Gitarren. Die Figuren sind aus tonartige Modelliermasse und gefasst. Eine „Bambusrohrkrippe" ist abgebildet in: Sylvia Weber (Hg.): Krippen aus aller Welt in der Sammlung Würth, Künzelsau 2023, S. 156

Das Leben Jesu – retabloartige Serie

Das Paradies und das Leben Jesu werden in kleinen, offenen Häuschen gezeigt. Die Giebelhäuschen leiten sich wohl von den Retablos ab, allerdings fehlen hier die Flügeltürchen. Die Figuren sind aus einer Modelliermasse, wohl aus Getreidemehl, Leim und Gips. Sie sind bemalt.

Diese Serie wurde um 1995 in einem Einen-Welt-Laden erworben. Sie kommen aus Peru, wohl aus Ayacucho. Dafür spricht die entsprechende Herstellung.

Fast die gleiche „Krippenhäuschen " finden sich in der Slg. Christoph Daxelmüller.[17] Der Vergleich eines Beispiels zeigt, dass diese Serie zwar fast gleich und wohl auch in großer Zahl angefertigt wurde, dass es sich jedoch um Handarbeit handelt und deshalb variieren sie Details. So fehlt z.B. „bei Daxelmüller" die gemalte Wolke und auch die Quader zum Grabeingang sind anders.

hier   aus der Slg. Daxelmüller

---

[17] Hirten, Könige, Schreckfiguren – Slg. Christoph Daxelmüller, Fränkische Schweiz-Museum, Tuchersfeld 2007, S. 29

Sündenfall im Paradies   Mariä Verkündigung

Geburt   Flucht nach Ägypten

Taufe Jesus im Jordan   Hochzeit zu Kana

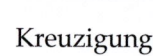

Kreuzweg   Kreuzigung

Am Grab Christi   Auferstehung

90

Tonarbeiten

Viele bei uns erhältlichen Tonarbeiten aus Peru kommen über die Missionsbenediktinerabtei Münsterschwarzach oder über „Eine-Welt-Läden zu uns. Ein wichtiges Produktionsgebiet war der Raum Ayacucho und Quinua. Einige der dortigen Künstlerfamilien flüchteten jedoch, die meisten davon nach Lima. [18]

Die Figuren bleiben entweder erdfarbig ober, vor allem wenn sie aus Quinua stammen, dreifarbig.

Literatur: Friedolin Bernhard: Das Krippenmuseum Glattbach, Glattbach 1998, S Jesuskind und Weihnachtsmann, Krippenmuseum Telgte S. 1995, S. 111; Hirten, Könige, Schreckfiguren – Slg. Christoph Daxelmüller, Begleithoft zur Sonderausstellung im Fränkische Schweiz- Museum Tüchersfeld, Pottenstein 2007/08, S. 14, 16, S. 8083; Badisches Landesmuseum Karlsruhe (Hg.): Krippenwelten: aus der Sammlung Maud Pohlmeyer, Karlsruhe 2021, S. 12; Jesuskind und Weihnachtsmann – Krippenmuseum Telgte, 1995, S. 111

---

[18] Gerhard Bogner: Das neue Krippenlexikon, Lindenberg und Beuron, 2003, S. 499

H. ca. 15 cm; in der Kirche von Quinua zeigt sich die hl.
Familie. Die Krippe ist aus unglasiertem Ton tricolour bemalt..
Sie ist verziert mit Ornamenten, erworben um 1995 in einem
„Eine-Welt-Laden".

Diese Kirche ist ein beliebtes Motiv, wie folgende Bilder aus dem internet zeigen. Eine ähnliche Kirche ist auch abgebildet in: Slg. Christoph Daxelmüller, Begleitheft zur Sonderausstellung im Fränkische Schweiz- Museum Tüchersfeld, Pottenstein 2007/08, S. 14. Ein Vergleich dieser Bilder zeigt aber auch, dass die Ausführungen des gleichen Motivs ganz unterschiedlich sein können. Das geht von rasch geformter Arbeit bis zur aufwendig un detailreich verziertem Werk.

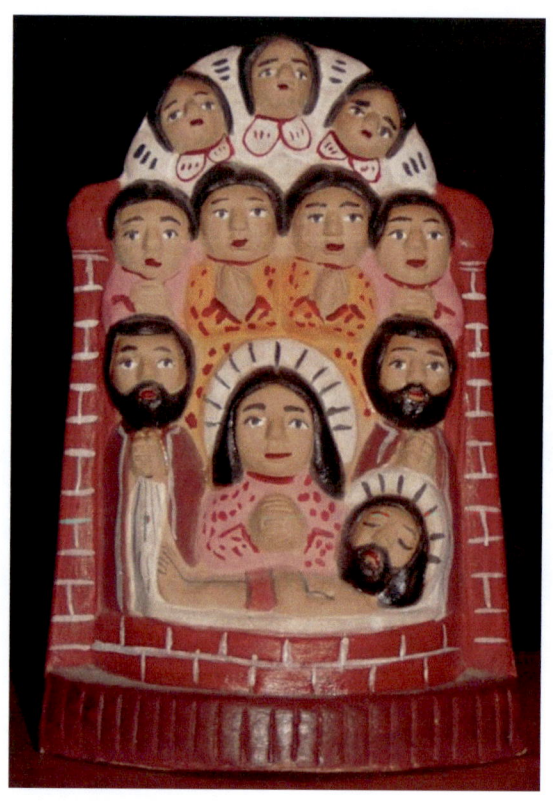

Pieta, gefasster und glasierter Ton, BxTxH: 10,5 x 7,5 x 14,5 cm,
beschriftet: *PC031, Peru 18*.- (DM); Mitte der 1990er Jahre im
Türkheimer Eine-Welt-Laden erworben. Eine Darstellung, wie
sie in der Bibel nicht vorkommt: Der vom Kreuz
abgenommene tote Christus liegt unten auf einer Ziegelplatte.
Vor ihm kniet betend wohl Maria (oder Maria Magdalena) mit
einem Heiligenschein. Neben ihr beten zwei bärtige Männer
und darüber vier bartlose Personen. Ober fliegen drei
geflügelte Engelköpfe in einer weißen Wolke. Auffallend sind
hier die unterschiedlichen Rottöne.

Tonrelief-Serie

Diese Reliefs sind aus Ton, mit Erdfarben kalt bemalt, ca 22 x
18 cm. Sie wurden Mitte der 1990er Jahre in einem Eine-Welt-
Laden in Süddeutschland erworben. Sie stammen aus Peru.
Die erste Relieftafel ist rückseitig beschriftet mit: *Jose y Mano
en cuadio grande Orellana.* Die Tafeln kann man als tricolour
bezeichnen, sieht man von der Lehmfarbe ab. Größe: ca. 20 x
20 cm.

Herbergsuche

Josef mit Wanderstab begleitet seine schwangere Frau Maria
nach Bethlehem. Im Hintergrund sieht man in einem flachen

Relief in ein Gebirge einen Weg eingezeichnet. Das hl. Paar ist wie Indios gekleidet.

Geburt Christi
Das neugeborene Kind liegt in der Krippe, daneben Joseph und Maria in Indio-Kleidung. Dazwischen ist ein strahlender Stern gemalt.

Taufe Christi
Jesus steht, nur mit einem Lendentuch bekleidet, im Jordan. Er wird von Johannes, welcher Kufiya trägt und mit einem roten umhang bekleidet ist, getauft. Ihm gegenüber betet ein Engel und darüber schwebt die Taube. Im Hintergrund zeigt sich eine Gebirgslandschaft.

Haus Nazareth

Ton, farbig kalt bemalt (tricolour) aus Erdfarben. Höhe: ca. 17 cm, 1980er Jahre. Der Zimmermann Joseph und der Jesusknabe mit Holz. Sie sind in traditioneller Indiobekleiden gewandet. Der Faltenwurf der Gewänder und die Maserung des Holzes sind durch Kontraststriche angedeutet. Vielleicht aus Quinua (Peru).

Literatur: Rüdiger Vossen, Höhle – Stall – Palast – Weihnachtskrippen der Völker, Hamburg 1990, S. 98, Foto 32

Reliefartige Tonkrippe

Farbig gefasstes Tonrelief, 30 x 18 cm, gekauft um 1995 in einem süddeutschen Eine-Welt-Laden.

Dargestellt sind die Geburt Christi und die Anbetung der Hirten. Man sieht die hl. Familie, Ochs und Esel, über dem Christkind einen Engel und vier gabenbringende Hirten. Der Hintergrundhimmel ist durch weißgemalte Sterne angedeutet. Das hl. Paar wird durch ihre Größe hervorgehoben.
Auffallend ist die farbige Fassung der Tonfiguren.

Krippenhaus

Peruanisches Krippenhaus aus bemaltem und glasiertem Ton, B x T x H: 33 x 18 x 37 cm, erworben Ende der 1990er Jahre im Eine-Welt-Laden in Türkheim. In das Haus kann man ein Teelicht stellen und es so „von innen heraus" beleuchten. Das ziegelbedeckte Haus ist mit Ornamenten bemalt. Vor dem Haus ist die hl. Familie in Indiokleidung. Neben dem Christkind liegen zwei lamaartige Tiere. Um diese Gruppe sind zwei Musikanten, zwei Frauen und ein Hirtenpaar gruppiert.
Die Farbigkeit beschränkt sich auf Weiß und Erdfarben.

Bootkrippe

Geburt Christi auf dem Titikakasee, das Boot – 20 cm lang - mit der hl. Familie, vier anbetenden Hirten und zwei Schafen, aus Ton mit weißen und Erdfarben gefasst, es ist in der Art von Orlando Vasquez, Peru.
Die „Landschaft" ist von Alois Epple, 1998

Bootkrippe

Boot mit der Geburt Christi und zwei lateinamerikanischen Tieren, Ton, gefasst, Bootlänge 11,5 cm.
Die Arbeit ist etwas „schlampig" ausgeführt. Es wurde für den Souveniermarkt produziert. Die Farbigkeit beschränkt sich auf weiß und Erdfarben. Typische ist die Ornamentik am Bootsrand.

Lit.: Kuhn, Johannes: Kleine Weihnachtspredigt des Franz von Assisi, Lahr 1990

Tonkrippen

Gefasste Figuren aus glimmerreichem Ton, mit Tonfarben gefasst, erworben Ende der 1990er Jahren in einem Eine-Welt-Laden in Süddeutschland. Angeblich von einer Künstlergruppe die sich Inti-Raymi nennt, vielleicht in Quinuda bei ,Ayacucho oder in Cuzco geformt.

Das tempelartige Haus (B x H x T = 17 x 19 x 12 cm) wurde um 1995 von Ulrich Epple gebaut. Es war ein Weihnachtsgeschenk an seine Eltern.

Literatur: Weihnachtskrippen der Völker, - Celle1982, S. 57 „Bethlehem ist überall" – Einblick in die Welt der Krippen, Wallfahrtsmuseum Neukirchen b.Hl. Blut, Bd. 4, 1995, S. 39Vgl. auch Vossen, Rüdiger: Höhle – Stall – Papast – Weihnachtskrippen der Völker, Hamburg [2]1991, Tafel

Christbaumanhänger aus Peru

Bemalter Ton, Durchmesser 10 cm, rückseitiger Aufkleber: *13.-DM*

Anhängerkrippen

Kleine Krippen in Kalabassen oder in Kürbisen, mit bemalten Figürchen aus Lehm, ähnlich ausformt wie Retablos. Sie eignen sich als Christbaumanhänger und werden vorwiegend in Eine-Welt-Läden vertrieben.

Geburt Christi und Verehrung der Hirten in einer Kalabasse, B: 7 cm. Die Figuren sind aus Ton-Pappmaché, wie die Figuren der Retablos. Die Rückseite ist mit Blumenornamenten bemalt. 1999 in einem Eine-Welt-Laden erworben. Eine ähnliche Krippe, abgebildet bei Angelika Schreiber, S. 6, 17 bezeichnet diese Art als „Tassenkrippe" und lokalisiert sie nach Costa Rica.

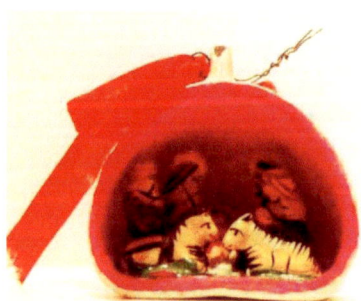

Geburt Christi und Verehrung durch einen Hirten in einem Kürbis, B: 8 cm, rückseitig mit Blumenornamenten bemalt. Die Figuren sind aus Pappmaché, gleich der Figuren in den Retablos.

Flucht nach Ägypten in einem Ei(?), außen bemalt, die Figuren sind aus Pappmaché, wie die Figuren in den Retablos, H: 6 cm. Ähnliche Darstellungen gibt es auch in Kalabassen. Vgl. Letizia Bordignon Elestici: Presepi nel mondo, Mailand 1990, S. 117

Geburt Christi, Boden und Hintergrund aus Holz, die Figuren sind aus Pappmaché, wie die Figuren in den Retablos, H: 8 cm, rückseitiger Aufkleber: *Made Peru*

Geburt Christi in einer Pyramide aus Pappe. Die Figuren sind aus Pappmaché, wie die Figuren in den Retablos, beschriftet: *HAND MADE IN PERU*

Lit.: Friedolin Bernhard: Das Krippenmuseum Glattbach, Glattbach 1998, S 77; Angelika Schreiber und Thomas Gretler: Krippen & Hüte, Ausst. im Deutschen Hutmuseum, Lindenberg, 2018, S. 6, 17

Letztes Abendmahl 1

In Peru wird das „Abendmahl" aus Ton vielfach nach folgendem Schema gemacht. Um einen länglichen Tisch, auf welchem bevorzugt Wein und Brot stehen, gruppieren sich symmetrisch um Christus, welcher in den Tischmitte sitzt und durch einen Nimbus gekennzeichnet ist, die 12 Apostel. Diese tragen Indiogewänder. Judas wird meistens nicht besonders gekennzeichnet.

Letztes Abendmahl, bemalte und glasierte Tonfiguren, BxTxH: 10 x 5 x 4,5 cm. Beschriftet: *HAND MADE IN PERU* mit einem Preisschildchen: 7,90 €. Auf dem Tisch sind zwei Brote und ein Weinglas. Um den Tisch sitzen Christus und die 12 Apostel. Judas ist nicht besonders gekennzeichnet. Ornamentale Bemalung des Tischtuches.

Letztes Abendmahl 2

Letztes Abendmahl, farbig gefasster, glasierter Ton, BxTxH: 17x5x8 cm, re.außen beschriftet: *HAND MADE IN PERU CEN – 004   12,90 €*. Um den Tisch sitzen Christus mit den 12 Aposteln in Indiogewändern, auf dem Tisch liegen Kalabasse, ein Glas, Teller mit zwei Fischen und 3 Broten.

Ähnliche Ensembles, wohl aus der gleichen Werkstatt – vgl. die gleiche Verzierung des Tischtuchs – werden zur Zeit bei ebay in den USA angeboten.

ca. 56 €   13,70 $
Maße: 7"x3 1/4"   HxBxT: 7,5x12x5,5 cm

Letztes Abendmahl 3

Letztes Abendmahl, unglasierter Ton, die Bemalung besteht nur aus weiß und Tonfarben, BxTxH = 22 x 7 x 9,5 cm. Die Tischdecke ist ornamental bemalt, um den Tisch sitzen Christus und die 12 Apostel, Judas ist nicht extra gekennzeichnet. Auf dem Tisch stehen eine Kalabasse, 6 Weingläser, zwei Teller mit je einem Brot, ein Teller mit drei Broten. Erworben in einem Eine-Welt-Laden Anfang der 2000er Jahre.
Die Figuren sind recht „schlampig" gearbeitet. Solche Abendmahle wurden wohl massenhaft in Hand hergestellt.

Letztes Abendmahl, bemalter und glasierter Ton, BxTxH: 15 x 11,5 x 9 cm, evtl. aus Quinua (Peru), beschriftet mit *22047 ULTIMA CENA EN MONTE HAND MADE PERU 17,50* (€), aus einem Eine-Welt-Laden in den 2000er Jahren erworben.

Auf dem Tisch liegen Brote und stehen Weinflachen, 3 Fische, 1 Widderkopf (!) und langes Gebäck. Am Tisch sitzen Christus und die 12 Apostel in Indiogewändern. Der Apostel, der auf dem Tisch liegt, könnte Judas sein.
Fast die gleiche „Krippe" findet sich in der Slg. Christoph Daxelmüller (vgl. Hirten, Könige, Schreckfiguren – Slg. Christoph Daxelmüller, Fränkische Schweiz-Museum, Tuchersfeld 2007, S. 29).

Christus als Kinderfreund, gebrannter Ton, H: 10 cm, erworben Ende der 1990er Jahren in einem Eine-Welt-Laden in Süddeutschland.

Zur Zeit ist eine ähnliche Gruppe, alldings bemalt, bei ebay für 17,35 € angeboten. Diese ist signiert mit *Maurelio H.S.*

Geburt Christi, BxTxH: 9 x 6,5 x 6 cm, gefasster und glasierter Ton, Peru. Maria mit Haarzopf in Indiotradition und Gewandung, liegt mit dem Kinde im Bett. An ihrem Kopfende steht der hl. Joseph. Drei Indiokinder bringen dem Kind „Gaben".

Steinkrippen

Die folgenden Krippen dürften alle aus Ayacuco gefertigt worden sein

Weihnachtsszene in einem ausgehöhlten, hüttenförmigen Huamanga (Alabaster) Stein, H.: 6,3 cm

Christi Geburt in einem eiförmigen Huamanga (Alabaster) Stein, H. 5 cm, hl. Familie mit Ochs und Esel und zwei Engel.
Diese Weihnachtsdarstellung wurde 1996 in Quito gekauft und mir von Daniela Salazar aus Equator 1997 geschenkt. Ein fast identisches Objekt, allerdings besser ausgearbeitet, ist abgebildet in: Letizia Bordignon Elestici: Presepi nel mondo, Mailand 1990, S. 116

Die folgenden Abb. werden zur Zeit bei ebay angeboten als „Kunst aus Peru" und „aus Ayacuco", mit der Materialangabe „aus Huamanga-Stein".

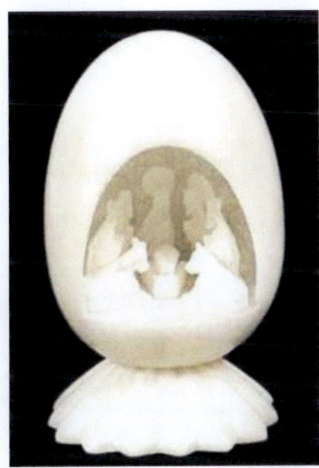

Mexikanische Strohkrippe

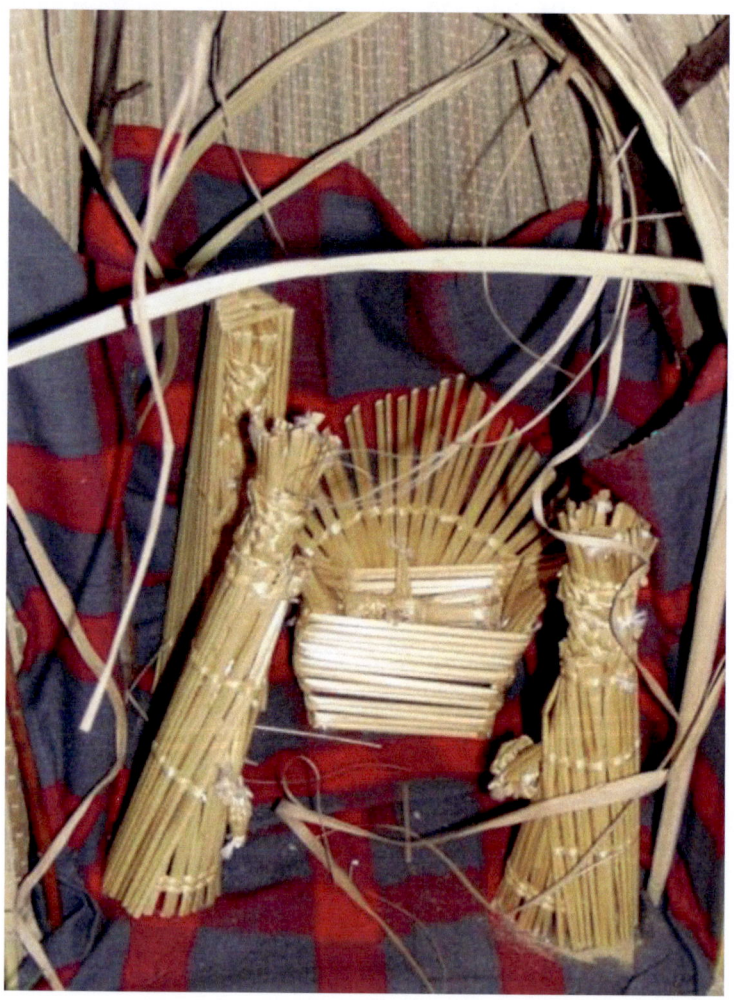

Krippe aus Stroh, vielleicht aus Tzintzmutcan (Mexiko), Figurenhöhe ca. 17 cm, erworben in einem Eine-Welt-Laden um 1995.

Krippenfiguren aus Mexiko

Krippenhäuschen mit Figuren aus Mexiko, BxHxT: 17 x 14 x 10 cm, bemalte Tonfiguren und Applikationen. Um 1985 wurde im Türkheimer „Eine-Welt-Laden" einen mexikanischen Lebensbaum (Arbol da la vida) gekauft. Schlecht gelagert rosteten die Drähte und weichte der Ton auf, so dass es langsam zu bröseln begann. Schließlich war er kaputt. Heil waren nur noch etliche Figürchen und Applikationen, welche in einem „Krippenhäuschen", welches ich aus Holz und Fliesenkleber baute, Verwendung fanden.

Literatur: Marianne Stößl und Uta Karrer: Die mexikanischen Lebensbäume im Alten Schloss Schleißheim, Lindenberg 2015

Krippenfigürlein aus Mexiko (?)

Bemalte, glasierte Tonfigürlein (Hl. Fam., Ochs und Esel, Engel, vier Hirten, eine Hirtenfrau, drei Schafe, Hl.-Drei-Könige., H=4,5 cm, Mitte der 1990er Jahre in einem süddeutschen Eine-Welt-Laden erworben. Vielleicht stammen die Figürlein aus Mexiko.

Der „Stall" wurde von Alois Epple jun. gemacht.